Fritz Held

Ich kämpfte gegen Rom

EDITION WORTSCHATZ

Druck und Bindung des vorliegenden Buches erfolgten in Deutschland.

Das verwendete Papier ist FSC-zertifiziert. Als unabhängige, gemeinnützige, nicht staatliche Organisation hat sich der Forest Stewardship Council (FSC) die Förderung des verantwortungsvollen und nachhaltigen Umgangs mit den Wäldern der Welt zum Ziel gesetzt.

Die Deutsche Bibliothek verzeichnet diese Publikation in der Deutschen Nationalbibliografie; detaillierte bibliografische Daten sind im Internet über www.d-nb.de abrufbar

Bibelzitate, sofern nicht anders angegeben, wurden der Lutherbibel in der revidierten Fassung von 1984 entnommen © 1999 Deutsche Bibelgesellschaft, Stuttgart.

Lektorat: Lukas Baumann
Umschlaggestaltung: spoon design, Olaf Johannson
Umschlagbilder: © Nicku/Shutterstock.com
Bilder Innenteil: © S. 20: Shaun Jeffers/Shutterstock.com, S. 23: Fritz Held,
S. 160: Piotr Wawvzywiuk, Militarist, Ocskay Bence/Shutterstock.com,
alle anderen: aus „Geschichte des Christentums". Verlag Carl Hirsch, 1897
Satz und Herstellung: Edition Wortschatz, Schwarzenfeld

© 2015 Fritz Held

Edition Wortschatz im Neufeld Verlag Schwarzenfeld
ISBN 978-3-943362-19-0, Bestell-Nummer 588 838

www.edition-wortschatz.de

EDITION WORTSCHATZ

Inhaltsverzeichnis

I. Kleiner Pfarrer – Große Kirche. Vorwort

Ich sehe den neugierigen Betrachter bereits beim Lesen des Buchtitels die Stirne runzeln. Ein Zeichen von fragendem Nachdenken, aber auch nachvollziehbarem Misstrauen.

Und das zu Recht. Wer ist dieser kleine Pfarrer, der es wagt, gegen eine große Kirche anzurennen? Und wer bekämpft, dazu noch als Christ, eine Glaubensrichtung, die – so wie die katholische Kirche – das gleiche Feldzeichen, nämlich das Kreuz, auf ihrer Fahne trägt? Ja, wer kämpft heutzutage noch gegen Rom?

Vielleicht erinnert sich der ältere Leser noch daran, dass es einmal ein Buch gab mit dem Titel „Ein Kampf um Rom". Sein Verfasser war der 1834 in Hamburg geborene Rechtslehrer Professor Felix Dahn, dessen geistige Haltung stark von der Philosophie Schopenhauers beeinflusst war und im bewussten Gegensatz zur katholischen Kirche stand. Aber exakt an dieser Einstellung finden sich unsere rebellischen Geister. Denn auch ich habe Rom zum Angriffsziel meiner Attacke gemacht. Dagegen reite ich an. Du hast richtig gelesen, es wird geritten. Als alter Reitersmann saß ich viele Jahre meines Lebens im Sattel. Deswegen gab ich dieser Angriffsart den Vorzug. Hoch zu Ross weitet sich nicht nur der Horizont, sondern es steigt auch das nötige Selbstvertrauen, das jeder Kampf erfordert.

Mein Feind und Gegner war nicht die geschichtsträchtige, am Tiber gelegene Metropole Rom, sondern ihr religiöses Herzstück, der Vatikan. Und damit die in ihm fest verankerte katholische Kirche. Ein derart massives Bollwerk anzugreifen mag als echtes Husarenstück gelten, dazu noch von einem lutherischen Pfarrer. Der Reiter selbst kam sich dabei vor wie ein Don Quijote, so hieß dieser spanische Ritter von der traurigen Gestalt. Sogenannt und bedauert wegen seiner Hirngespinste, aber trotzdem eingegangen in die Weltliteratur. Hatte er doch neben anderen ausgefallenen Ideen verlassene, in der Landschaft stehende Windmühlen attackiert in der Meinung, es handle sich um feindliche Heere, die gegen ihn aufmarschierten.

Die heutige Fachmedizin würde solche Wahnvorstellungen wahrscheinlich in das Krankheitsbild der Schizophrenie einordnen, unter deren Symptomen sowohl der Größenwahn als auch der Verfolgungswahn zu nennen sind.

Soweit meine persönliche Diagnose. Quijotes Schildknappe, er hieß Sancho, fand dagegen eine viel einfachere Erklärung. Er tippte sich an die Stirn und erklärte seinen Patron für verrückt. Und damit stellte sich für mich dieselbe Frage: Bin nicht auch ich von allen guten Geistern verlassen, gegen eine solche Festung anzurennen?

Tatsache aber bleibt, dass sich dieser Quijote mit seinen Phantastereien nicht nur einen festen Platz in der Weltliteratur, sondern auch in den Reihen derer gesichert hat, die man allgemein als Idealisten bezeichnet. Diese Spezies zeichnet sich dadurch aus, dass ihre Ideen und Vorstellungen jenseits von all dem liegen, was einem Normalverbraucher als die normale Wirklichkeit erscheint. Unserem „Ritter von der traurigen Gestalt" schwebte als Idol eine fürstliche Dame vor, deren Ehre es zu retten galt und für die es sich lohnte, in den Kampf zu ziehen. Selbst um den Preis des eigenen Lebens.

Idealisten setzen sich unverdrossen und mutig über auftauchende Hindernisse hinweg. Von ihren hohen Absichten fest überzeugt, fürchten sie weder Kritik noch das Gespött ihrer Widersacher. Selbst einen Sturz vom Pferde scheuen sie nicht, also die Blamage einer Niederlage.

Idealisten schwimmen nicht mit dem Strom ihrer Zeit, sondern dagegen. Ganz gleich, ob er nun gesellschaftlicher, politischer, religiöser oder kultureller Art ist. Sie bleiben ihrer Gesinnung treu und werden so zu tragischen Gestalten. Der englische Schriftsteller Oscar Wilde drückte es so aus: „Ein Idealist muss nicht dumm sein, aber enttäuscht wird er immer sein!" Deswegen sucht er – so wie unser Quijote – einen Schildknappen, einen Begleiter, der ihm mit guten Ratschlägen zur Seite steht und ihn aufmuntert, wenn die Schlacht verloren scheint.

Miguel de Cervantes, der Autor des „Don Quijote"

Auch ich schwamm gegen einen Strom. Es war die Institution „Katholische Kirche". Und auch ich suchte mir dazu einen Schildknappen und zuverlässigen Begleiter, der mich beraten und wenn nötig auch am Rockzipfel zurückziehen sollte, wenn der Gaul mit mir durchgehen sollte. Dieser Ratgeber hieß nicht Sancho, auch trug er nicht den Namen irgendeiner „Kirche" oder einer Religionsgemeinschaft. Nein, mein Lehrmeister war Jesus Christus. Seiner Einladung: „Kommet her zu mir" bin ich gefolgt.

Meine Kampfesstätte war der südamerikanische Kontinent mit den Ländern Paraguay und Argentinien. Hier hatte sich das Christentum in Form des Katholizismus ab dem 16. Jahrhundert ausgebreitet und festgesetzt. Schon mit den ersten Konquistadoren entsandte Rom Priester und Missionare. Sie folgten den spanischen Eroberern auf dem Fuße und hatten die Aufgabe, den Ureinwohnern, also den Indianern, das Evangelium zu predigen. Die dabei angewandten Methoden entsprachen aber sehr oft nicht der Friedensbotschaft Jesu, sondern endeten in Zwangs- und Strafmaßnahmen für solche, die ihren alten Väterglauben nicht aufgeben wollten.

Bei diesen wahrlich nicht immer christlichen Bekehrungsversuchen leistete die beutehungrige spanische Soldateska den Missionaren oft willige Helferdienste. Es ging ja „um die Ehre Gottes" und den Bau seines irdischen Reiches. Dafür schien keine Methode zu ausgefallen und kein Mittel zu schlecht.

In dem zerschlissenen Kirchenbuch eines in damaliger Zeit erbauten Kirchleins, es stand in einem abseitigen Tal der Anden, las ich die Aufzeichnungen eines Priesters. Darunter die Notiz, dass die entfesselten Eroberer den indianischen Frauen die Brüste abschnitten, wenn sie ihnen nicht willig waren. Um das eroberte Land möglichst rasch zu bevölkern, bekamen die Soldaten die Erlaubnis, bis zu 30 Indianerinnen zu „heiraten". Die Eingeborenen selbst hielten anfänglich die Spanier für weiße Götter, knieten vor ihnen nieder und brachten ihnen zum Geschenk ihre Frauen und Töchter.

Wahrlich, die Geschichte dieser spanischen und portugiesischen Eroberungsfeldzüge ist nicht nur eine abenteuerliche, sondern häufig auch kriminelle gewesen. Inwieweit die kirchlichen Vertreter dabei eine Rolle gespielt haben, was sie verhindert oder veranlasst hatten, ist natürlich nicht mehr zu erforschen. Die Tragik dieses Unternehmens ist und bleibt aber, dass es unter einer Standarte geführt wurde, die das Kreuz Christi trug.

Nun sind Jahrhunderte vergangen und die Zeit hat viele Wunden geheilt. Gewohnheiten und Absichten haben sich geändert, denn „der Mensch baut wohl Schlösser, aber die Zeit zerstört sie" (russisches Sprichwort). Man könnte also sagen: Auch die sichtbaren Kirchen sind und bleiben immer und nur menschliches Bau- und Machwerk.

Beispiel: Der Turmbau zu Babel. Wenn diesem Wahn von Größe und Macht, auch Größenwahn genannt, keine Grenzen gesetzt werden, baut und bastelt der Mensch an fabulösen und unwirklichen Wolkenkuckucksheimen herum, die eines Tages zusammenfallen und verschwinden wie der Schnee in der Sonne. Denn nichts kann zu einer wirklichen Größe werden, das nicht wahr und echt ist. Dies trifft auch für die Kirchen zu, die katholische nicht ausgenommen.

Ihr überaus langsamer Wandel zu einem besseren Miteinander war nicht zuletzt dem wachsenden Einfluss durch protestantische Kirchen und Glaubensrichtungen zuzuschreiben, die mit den europäischen Einwanderern ins Land kamen. Die Konkurrenz war da und mit ihr die Befürchtung, nicht mehr die erste Geige spielen zu können.

So war bei meinem Amtsantritt als evangelischer Pastor im neuen Arbeitsfeld Paraguay und Argentinien (1951) der überaus starke Einfluss Roms noch gewaltig zu verspüren. Galt es doch mit allen Mitteln zu verhindern, dass die Lehre des deutschen Reformators Luther unter das Volk käme. Diese Strategie zeigte sich aber beileibe nicht in offenen Angriffen und Auseinandersetzungen, sondern auf Partisanenmanier. Man schoss versteckt aus dem Hinterhalt. Damit war für mich höchste Wachsamkeit geboten. Das hatte mich der Partisaneneinsatz im Kriege gelehrt.

Als schwerstes Geschütz gegen uns wurde wie üblich das Dogma der Unfehlbarkeit von Kirche und Papst aufgefahren. Wir waren die Ketzer, deren falsche Lehre unweigerlich in die Verdammnis führte. Natürlich konnte dieses mittelalterliche Denken nicht der gesamten Priesterschaft angelastet werden. Dabei war dieser Fanatismus besonders bei den weiblichen Vertretern Roms, den Ordensschwestern, zu beobachten. Diese kamen in der Mehrzahl aus den Dritte-Welt-Ländern, wo sowohl Bildung als auch Kultur noch klein geschrieben wurden. Also galt es ein Auge zuzudrücken. Dagegen machten die aus Deutschland entsandten Schwestern ihrem guten Rufe auch fern der Heimat alle Ehre.

Eine weitere gegen uns gerichtete Waffe der Katholiken war das uneingeschränkte Privileg, als Vertreter der Staatsreligion zu gelten. Das brachte ihnen Vorteile jeder Art. Allein im Blick auf das Finanzwesen. Ihre kirchlichen Besitztümer waren steuerfrei, ebenso die Einfuhr von Waren aus dem Ausland. Beispiel: Wir Evangelischen hatten für einen importierten VW aus Deutschland den regulären Kaufpreis plus 100 % Einfuhrsteuer aufzubringen. Das war für unsere Verhältnisse eine ungeheuere Belastung, zumal der Verschleiß der Fahrzeuge infolge der oft chaotischen Wegverhältnisse so gewaltig war, dass sowohl Motor als auch Karosserie nach 50.000 km ersatzreif und kaputt waren.

Ebenso konnten die Katholiken für ihre religiösen, diakonischen und sozialen Einrichtungen wie Kirchen und Schulen mit staatlichen Zuschüssen rechnen. Ihre mit bemerkenswerter Diplomatie unterhaltenen Kontakte zur Staatsführung brachten ihnen nur Vorteile.

Wir waren allein auf uns angewiesen und auf die Hilfen aus der Heimatkirche. Nachdem im Zweiten Weltkrieg die meisten südamerikanischen Staaten auf Druck der USA Deutschland den Krieg erklärt hatten, erhielten die Evangelischen das Verbot zum Bau von Kirchen, dazu kam Anmeldepflicht von Gottesdiensten, Bibelstunden, Gemeindefesten und sogar Beerdigungen. Diese rein staatlichen Anordnungen und Verbote legten uns lahm und machten uns mundtot. Dagegen stärkten sie die Vormachtstellung Roms und sicherlich auch ihren Glauben, die wahre Gottesfamilie zu repräsentieren.

Das politische Gewicht unserer „Gegner" war so augenscheinlich, dass bei staatlichen und öffentlichen Feierlichkeiten nur ihre Vertreter mit den Herren der Regierung auf den Ehrenrängen saßen. Also immer vorne und sich ihres größeren Gewichts wohl bewusst. Im krassen Gegensatz zur Einstellung ihres jetzigen Papstes Franziskus, der kürzlich mit dem klugen und vor allem glaubensechten Ausspruch den Nagel auf den Kopf traf: „Ich habe Angst, mich ein bisschen wichtig zu nehmen, denn der Teufel ist schlau". Eine wahrhaft demütige, christliche und somit lobenswerte Haltung. Aber so hielten sich auch große Teile des katholischen Bodenpersonals für schlau, wenn es darum ging, die besseren Plätze zu belegen und die Evangelischen auf den hinteren zu übersehen.

Ihr Einfluss war so groß, dass er selbst Politiker und Militärs das Fürchten lehrte. Ein lange Zeit regierender und dabei sehr diktatorischer Staatspräsident (sein Geheimdienst arbeitete mit Elektroschocks in der Badewanne) ging bei ihren religiösen Zeremonien andachtsvoll auf die Knie, was schon anderntags auf den Titelseiten der Zeitungen zu bestaunen war. Ebenso verstand es die katholische Geistlichkeit, sich im Regierungspalast jederzeit direkten Zutritt zu verschaffen, während man den evangelischen Pastor, er kam 300 km weit angereist, abblockte und unverrichteter Dinge wieder nach Hause schickte, weil die Audienzzeit bereits überschritten sei.

Ich habe dieses Panorama gezeichnet, um dem Leser verständlicher zu machen, warum ein an und für sich friedlicher Mensch auf den Gedanken kommen kann, sich zu wehren. Es mag wie Notwehr klingen. Aber wenn die Not selbst alte Weiber zum Springen bringt – (Sprichwort) –, sei dies auch mir erlaubt. Und zwar in der Form, dass ich anfing mich zu bewegen, dem Feinde entgegen. Er trug die Namen „Unrecht" und „Heuchelei". Ebenso war mir klar, dass die zu erwartenden Auseinandersetzungen ohne eine gute Bewaffnung undenkbar waren. Diese galt es also zu suchen.

Doch vorher noch einmal zurück zu Felix Dahn. Er schildert in seinem damals viel gelesenen Werk die Kämpfe der Ostgermanen, die im Zuge der Völkerwanderung unter ihrem Feldherrn Alarich die Stadt Rom eroberten und zerstörten (410 n. Chr.). Wenige Jahrzehnte später (455) kam es zu einer weiteren Plünderung Roms durch die Vandalen (ein germanischer Volksstamm). Sie taten dies so gründlich, dass man ihre Zerstörungswut später als Vandalismus bezeichnete.

Für meinen Kampf gegen Rom benötigte ich solche Hilfstruppen nicht. Viel lieber sah ich den kleinen mutigen

Hirtenjungen David an meiner Seite, der gegen den schwer bewaffneten Riesen Goliath antrat. Zu einem Kampf, der nach menschlichem Ermessen von vornherein als verloren galt. Seine einzige Waffe war eine Schleuder. Nur eine ganz einfache Schleuder, wie wir sie uns als Kinder zusammenbastelten. So bewaffnet trat David dem gewaltigen Philister entgegen. Aber das reichte ihm nicht aus. Sein viel schärferes Kampfmittel war geistlicher Art, es war Gott selbst. So konnte er dem Philister entgegenrufen: „Du kommst zu mir mit Schwert, Spieß und Schild. Ich aber komme zu dir im Namen Gottes!" Gott war Davids entscheidende Waffe, und damit wollte auch ich in den Kampf ziehen. Aber es galt zu fragen: Wie mache ich das und wo finde ich solche Waffen, hinter denen Gott mit seinen Verheißungen steht? Wo ist diese geistliche Waffenkammer?

Antwort: Es ist die Bibel, es ist Gottes Wort, wo uns sehr genau angegeben ist, welches diese Waffen sind, mit denen wir zu kämpfen haben und die keine Toten und ausgebrannten Panzer auf der Walstatt zurücklassen. Im Neuen Testament listet der Apostel Paulus in seinem Brief an die Epheser solche Waffen auf, die für jeden Gläubigen bereitliegen und die er sehr notwendig brauchen wird – dann, wenn es gilt, den ihm verordneten Kampf aufzunehmen.

Es geht hier also um einen Kampf des Glaubens, der sich nicht gegen Menschen richtet. „Wir haben nicht mit Fleisch und Blut zu kämpfen", so Paulus, sondern gegen eine unsichtbare Macht, die in der Finsternis ihr Unwesen treibt. Sie wird mit Teufel bezeichnet und versucht, das uns von Jesus vorgegebene Bild der Nächstenliebe aus der Seele zu reißen. Luther bezeichnet diesen Zerstörer in seinem Trutzlied „Ein feste Burg ist unser Gott" als den „altbösen Feind". Böse, weil er vernichtet und täuscht und der Menschheit das Idol des

Machtmenschen vor Augen stellt, der immer und zuerst an sich denkt und dabei imstande ist, selbst über Leichen zu gehen. Ebenso versucht dieser Gottesfeind, dem gläubigen Menschen klarzumachen, dass es einen Gott gar nicht gäbe, und somit die ganze Schöpfung von alleine, also aus dem Nichts entstanden sei, so per Zufall.

Diesem Irrglauben stellt der Apostel das göttliche Wort entgegen unter gleichzeitiger Angabe der Wehr und Waffen, ohne die der Kampf nicht zu gewinnen ist. Ich halte sie für so entscheidend wichtig, dass ich sie dem Leser nicht vorenthalten möchte. Nachzulesen im Epheserbrief, Kapitel 6, ab Vers 10.

Zuletzt, meine Brüder. Seid stark in dem Herrn und in der Macht seiner Stärke. Ziehet an den Harnisch Gottes, dass ihr bestehen könnet gegen die listigen Anläufe des Teufels. Denn wir haben nicht mit Fleisch und Blut zu kämpfen sondern mit Fürsten und Gewaltigen, nämlich mit den Herren der Welt, die in der Finsternis dieser Welt herrschen, mit den bösen Geistern unter dem Himmel. Um deswillen ergreifet den Harnisch Gottes, auf dass ihr an dem bösen Tage Widerstand tun und alles wohl ausrichten und das Feld behalten möget!

So stehet nun, umgürtet an euren Lenden mit Wahrheit und angezogen mit dem Panzer der Gerechtigkeit und an den Beinen gestiefelt, als fertig, zu treiben das Evangelium des Friedens. Vor allen Dingen aber ergreifet den Schild des Glaubens, mit welchem ihr auslöschen könnt alle feurigen Pfeile des Bösewichtes; und nehmet den Helm des Heils und das Schwert des Geistes, welches ist das Wort Gottes.

Zweifellos eine eigenartige Bewaffnung. Und viel mehr noch für einen, der selber einmal mit den gebräuchlichen Waffen in den Krieg zog. Zuvor aber noch einmal ein kurzes Wort zu dem Begriff „Teufel". Wenn ich hier versuche zu erklären, mache ich mich auf mancherlei Kopfschütteln oder gar Prügel gefasst. Und das nicht nur von kirchenfremden aufgeklärten Zeitgenossen, sondern ebenso und vielleicht noch verstärkt von Theologen, also religiösen Fachleuten. „Den Teufel gibt's doch gar nicht, das ist doch nur eine Masche der Kirchen, um dem Volk Angst zu machen, damit es bei der Stange bleibt – Das ist doch alles Unfug. Ich glaube nur das, was ich sehe." So stellte mich vor Jahren einmal ein Geschäftsmann in seinem Geschäft ganz aufgebracht zur Rede, als ich ihn zum Gottesdienst einladen wollte. Vielleicht hätte er mir einige Jahre später eine andere Antwort gegeben, denn er erblindete bald darauf, und zwar total.

Ja, man sieht ihn nicht, den Teufel – so wie man den Wind auch nicht sehen kann. Aber dass er trotzdem da ist und dabei fürchterliche Kräfte entwickeln kann, das zeigt der aus dem Boden gerissene Baum oder gar das fest im Boden verankerte Wohnhaus aus Holz, das seine erschrockenen Bewohner nach einem Sturm 100 Meter entfernt mitten in einer Pflanzung wiederfanden So erlebte ich das in einem Urwaldgebiet Paraguays.

Ja, der Teufel ist eine unsichtbare Macht. Nicht zu erkennen an spitzigen Hörnern oder einem langen Schwanz, so wie die Narrenkostüme zur Fastnachtzeit. Für sein Erkennen reichen unsere fünf Sinne nicht aus. Schon Goethe lässt seinen Faust so treffend sagen: „Den Teufel spürt das Völkchen nie, und wenn er sie am Kragen hätte". Und er hat sie am Kragen! Ein Blick in das stetig wachsende Esoterik-Repertoire unserer Buchhandlungen! Oder höre auf die immer häufiger werdenden Schlagertexte, die nicht nur von einem Himmel träumen, sondern auch von einer Hölle singen. Selbst die Lebensmittelketten verbrämen ihre teuflisch guten Angebote mit Begriffen, die aus der höllischen Giftküche kommen. Und auch wer ahnungslos mit einem dreifachen „toi, toi, toi" auf das Brett klopft, der ruft, ohne es zu wissen, den Teufel an. Denn von seinem Namen ist dieses „toi" abgeleitet. All dies sind Alarmzeichen, die uns zeigen, wer wen am Kragen hat. Und ebenso offenbaren sie uns die „groß Macht und viel List", mit denen der Widersacher Gottes zu Werke geht. Vielleicht noch ein Argument, mit dem er häufig zu Werke geht: „Bloß keinen Fanatismus im Glaubensleben, Gottes Wort nicht in allem ‚wörtlich' nehmen. Es gibt Spielraum, vor allem dann, wenn du dabei Haare lassen müsstest, die Hälfte im Glauben reicht auch." Der Teufel verwässert, er sät (nach dem Worten Jesu) Unkraut unter den Weizen. Und was dann dabei herauskommt, ist der Aberglaube, den schon Emmanuel Geibel (1815 – 1884) so auf den Punkt brachte:

> *„Glaube, dem die Tür versagt,*
> *steigt als Aberglaub' durchs Fenster;*
> *Wenn die Gottheit ihr verjagt,*
> *kommen die Gespenster."*

Ja, die Gespenster, sie kommen angeflogen wie Nachtmahre, wie dunkle Schatten, und ihr Ziel ist, den Kämpfer durch Versuchungen, Enttäuschungen und Rückschläge in seinem Glauben wankend und irre zu machen, also außer Gefecht zu setzen.

Sicherlich ist der Leser neugierig geworden und möchte erfahren, wo sich mein Feldzug abspielte und vor allem, auf welche Weise ich meine Waffen zum Einsatz brachte. Zuvor sei aber noch erwähnt, dass dieser von Paulus verordnete Kampf nie aufhört. Er dauert bis zur letzten Stunde unseres Lebens. Denn gerade dann erwartet uns todsicher ein letzter Feind, wie Paulus ihn nennt (1. Korinther 15,26). Es ist der Tod. Aber unser Glaube an den auferstandenen Christus ist der Sieg, der auch diesen Feind überwunden und unschäd-

18

lich gemacht hat (1. Johannes 5,4). So brauchen wir „Freund Hein" nicht zu fürchten.

Diese göttliche Zusage ist zeitlos und gilt für jede Altersklasse und Lebenssituation, und so durfte ich sie auch erfahren. Das ist der Grund, warum ich meine Geschichte so weit gespannt habe. Sie umfasst bruchstückweise die Erfahrungen eines Menschenlebens und soll dem Leser zeigen, was diese geistlichen Waffen bei mir bewirkt haben und wie ich sie gebraucht habe.

Der besseren Verständlichkeit halber teile ich das Thema in Abschnitte und Kapitel auf. Meine Meinungen sind natürlich immer nur persönlicher Art und nur als solche zu bewerten. Die historischen Angaben werfen mancherlei Schatten auf das menschliche Tun und seine Folgen. Aber sie mögen dabei manches korrigieren und aufdecken, was in den gängigen Geschichtsbüchern so nicht mehr nachzulesen ist.

Jedenfalls sieht der objektive Beobachter den Glorienschein Roms im Wechsel der Geschichte immer wieder verblassen, weil der Hochmut vor dem Fall kommt. Und weil der Hang nach Ruhm und Größe – auch Größenwahn genannt – immer im Untergange landet (Siehe Hitler!).

So sind auch manche Rückschläge und Niederlagen zu erklären, die von den christlichen Kirchen (gleich welcher Konfession) ertragen werden mussten, weil sie im Größenwahn den Weg der Demut verlassen haben. Dabei können Geschehnisse lange Zeit im Dunkel von Lüge und Täuschung verborgen bleiben. Aber so wie die Sonne das Dunkel der Nacht vertreibt und einen neuen Tag hervorbringt, genau so kommt irgendwann einmal auch die Wahrheit ans Licht und hebt den Schleier aller Verlogenheit. Ja, auch im Weltgeschehen trifft das Sprichwort den Nagel auf den Kopf: „Die

Sonne bringt es an den Tag." Es ist die göttliche „Sonne der Gerechtigkeit" (Mal 3,20).

Die Prachtbauten des Vatikan

II. Der Herausforderer

Wer nun in unserem Falle den „Quijote" verkörpert, warum er zu einem solchen wurde und wie es dazu kam, dass aus einem arglosen Buben ganz unbeabsichtigt ein „Kämpfer" gegen Unrecht und Heuchelei wurde, das könnte den Leser noch interessieren.

Dabei hängt diese Entwicklung nicht nur mit seiner Erziehung zusammen, sondern auch mit seinem Charakter. Bismarck prägte einmal das Wort: „Jeder Mensch hat einen Charakter, und der Charakter ist sein Schicksal!" Genau so sehe ich es auch. Der Charakter ist eine Wesensart und somit nicht zu verändern.

Mein Lebenslauf in Kurzform

Ich kam am 21. Oktober 1924 in Ulm/Donau als drittes Kind des Postinspektors Friedrich Held und seiner Ehefrau Pauline, geborene Elsässer, zur Welt. Von den sehr bewegten Nachkriegszeiten der Weimarer Republik (1919 – 1933) war in dem wohlbehüteten Elternhause nicht viel zu spüren. Nur wenn der kleine, schmächtige Bub morgens in dem Stuttgarter Vorort Gablenberg zur Schule lief, den schweren Schulranzen auf dem Rücken, wunderte er sich über die Männer, die an den Straßenecken einfach so herumstanden und Zigaretten rauchten. Einige hatten Lederjacken an und im Genick eine Schlägermütze sitzen. Und weil sie manches Mal sehr heftig debattierten und mit bösen Blicken um sich warfen, hatte der kleine Fritz Angst und rief ihnen schon von weitem ein zaghaftes „Grüß Gott" entgegen. Ihre Blicke wurden aber dadurch nicht freundlicher. Zu Hause sagte man ihm, dass dies Kommunisten seien und die erbitterten Feinde der Nationalsozialisten. Mehr konnte der Fritz nicht über sie erfahren, zumal ähnliche Gespräche von den Eltern immer schnell abgebrochen wurden, weil „Politik nichts für Kinder" sei.

Aber das „Fritzle" hatte die wohl die Charaktereigenschaft, neugierig zu sein. Sah er irgendwo mehrere Personen beim Diskutieren, stellte er sich daneben und war ganz Ohr. Erst wenn die Redner dies bemerkten und es hieß „Hau bloß ab", zog er die Leine.

Wurde er von der Mutter zum Einkaufen in den *Konsum* geschickt, weil dort alles billiger war, und hörte er aus der Ferne Musik oder Gesang, dann war die mütterliche Mahnung zur baldigen Rückkehr vergessen. Denn jetzt kamen sie anmarschiert. Die Kommunisten mit einer Schalmeienkapelle voraus, sie spielten „Brüder höret die Signale, auf zum letzten Gefecht", oder es war eine militärische Formation des Reichsbanners (das waren die Sozialdemokraten), oder aber es kam die SA mit festem Schritt und Tritt anmarschiert und sang „Auf, auf zum Kampf, zum Kampf sind wir geboren". Das waren die Nationalsozialisten. Irgendwie gefielen sie dem Fritz am besten, denn sie marschierten so diszipliniert und militärisch daher.

Stießen die verschiedenen Parteitruppen aber in den Straßen irgendwie zusammen, gab es Zoff in Form von Schlägereien und sogar Blutvergießen. Es war Kampfzeit – und jede Gruppe reklamierte für sich mehr soziale Gerechtigkeit und die Befreiung aus Knechtschaft und Not. Nur, wer hatte eigentlich recht? Bei so vielen Köpfen und verschiedenen Meinungen? Diese Frage beschäftigte den Fritz immer wieder und blieb ihm ein ganzes Leben lang auf den Fersen.

Sicher ist aber, dass ihn die Zeit des „Dritten Reiches" mit ihren bösen und unheilvollen Einflüssen sehr geprägt hat. So trat er im Alter von zehn Jahren natürlich auch in das

Jungvolk der Hitlerjugend ein. Ein Wunsch, der die Eltern nicht begeisterte. Aber der Fritz wollte sich auch, so wie viele Schulkameraden, in einer Uniform präsentieren und hinter einer Fahne durch die Straßen marschieren. Außerdem wurde man dazu bei besonderen Feierlichkeiten vom Schulunterricht befreit und konnte sich ebenso von den ständig anstehenden Gartenarbeiten drücken, zu denen auch das „Rossbollen-Sammeln" gehörte. Dazu musste man mit einem Leiterwägelchen durch die Straßen Stuttgarts ziehen und die sogenannten Pferdeäpfel aufsammeln, die einen guten Dünger für die Gemüsebeete abgaben.

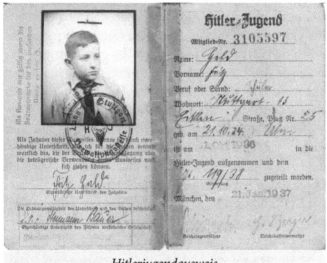

Hitlerjugendausweis

Das Jungvolk war militärmäßig in Gruppen und Kompanien, Fähnlein genannt, aufgegliedert. Der kommandierende Fähnleinführer war in der Regel nicht älter als 16 bis 17 Jahre.

Er marschierte nicht nur seiner Einheit voraus, sondern gestaltete und leitete auch die wöchentlichen Zusammenkünfte, die als „das Antreten" bezeichnet wurden.

Hier wurden die Marschlieder eingeübt und gesungen, die Übungen in Wald und Feld (Geländespiele genannt) geplant und Anschauungsunterricht gegeben in Sachen Politik und deutscher Geschichte. Die Freiheitskämpfer und Kriegshelden wie der Tiroler Andreas Hofer und die im ersten Weltkrieg so berühmt gewordenen Kampfflieger wie v. Richthofen und Boelke wurden den Buben als leuchtende Vorbilder präsentiert, und natürlich fehlte auch der tapfere Soldat und Meldegänger Adolf Hitler aus dem Weltkrieg nicht. Man sang: „Vom Volke geboren erstand uns ein Führer, gab Glaube und Hoffnung an Deutschland uns wieder, Volk ans Gewehr!" Besonders betont wurden dabei seine vorbildlichen menschlichen und sittlichen Eigenschaften. Als Abstinenzler trinke er keinen Alkohol, schlafe nur auf einem einfachen Feldbett und sei auch im Umgang mit Frauen absolut astrein. Und das alles aus Liebe zu Volk und Vaterland.

Auch der so unglückselig verlorene 1. Weltkrieg und seine dafür Schuldigen wurde behandelt und entsprechend interpretiert. Es war das „internationale Judentum", das mit einem Dolchstoß in den Rücken unserer tapferen Soldaten die Katastrophe verursacht habe. Und ganz zu schweigen von dem uns 1919 aufgezwungenen Friedensvertrag von Versailles, der Deutschland für alle Zeiten auf den Knien halten sollte.

So wurden wir geschult und zurechtgebogen, also manipuliert. Man hatte weder Zugang zu Informationen aus dem Weltgeschehen noch die Gelegenheit, sich durch Vergleiche eine eigene Meinung zu bilden. Dazu kam, dass die immer stärker überwachten und kontrollierten Medien immer vorsichtiger wurden und mit den Wölfen heulten, um von ihnen nicht aufgefressen zu werden.

Das Nazisystem kannte kein Erbarmen. Es war ein Meister im Lügen, Täuschen und Verwischen von Tatsachen. Aber „aus der Lüge kann kein Leben erblühen" (Heinrich Heine). So kam für nur allzu viele der Tod.

Vom Hitlerjungen zum Judenfreund

Viel hat mich diese Zeit gelehrt. Es ist hier nicht der Ort, alle Eindrücke aufzulisten. Nur ein Thema möchte ich ganz bewusst herausgreifen, weil es mich ein Leben lang bewegt und umgetrieben hat. Und auch, weil ich im Zusammenhang mit meinem Kampf gegen Rom zum Ausdruck bringen möchte, wie sehr auch meine „Gegnerschaft" zu Rom immer nur ein Ziel kannte, nämlich den des Friedens und der Versöhnung. Dabei nehme ich für mich nicht in Anspruch, als Friedensengel geboren worden zu sein. Aber wie eingangs erwähnt, bin ich der Überzeugung, dass der Charakter eines Menschen ein Teil seines Erbgutes ist und somit unveränderbar. Eine arabische Weisheit sagt: „Hörst du, dass sich ein Berg bewegt habe, so glaube es; hörst du jedoch, jemand habe seinen Charakter geändert, so glaube es nicht"!

Warum aber Freund des Judentums? – Schon als Kind empfand ich die Ausgrenzung der Juden als etwas Fremdes und Unerklärbares. Auch den Parolen der Nazis gelang es nicht, mich von ihren Behauptungen und Anschuldigungen zu überzeugen. Meiner Veranlagung nach war und bin ich ein Mensch der Versöhnung. Ich wollte Brücken schlagen hinüber zum andern.

Und mehr noch, wenn ich in ihm den Schwächeren erkannte, den Hungerleider, Verfolgten, Behinderten oder

Unterdrückten. Dabei war mein wichtigster Grundsatz: Hilf jetzt und sofort, ohne lange zu fackeln oder gar nachzuforschen, ob dieser Nächste die Hilfe verdient oder ob er dich nur hereinlegen will. Bei Jesus hat eine solche Recherche nie eine Rolle gespielt. Sein Nächster war immer der, der vor ihm stand. Seine Schwachheit und Kümmerlichkeit muss dich bewegen, dabei spielen Herkunft, Rasse oder Religion keinerlei Rolle.

Dieser Grundsatz der spontanen Hilfsbereitschaft hat mich so geprägt, dass sich meine späteren Kollegen und Mitarbeiter des Öfteren wie Sancho an die Stirne tippten und eine gedeihliche Zusammenarbeit mit mir für nicht immer einfach hielten. Ich passte nicht in ihre gängigen Muster.

Jedenfalls zeigte sich diese Andersartigkeit auch bei meinem Kampf gegen Rom. Wenn ich nun dieses Kapitel dem eigentlichen Thema voranstelle, dann mit der Absicht, dem Leser zu beweisen und verständlich zu machen, auf welche Art ich schon als Jugendlicher versucht habe, diesen Vorsatz zu leben. Wenn ich dazu das heikle Thema der Juden benütze, dann mag dies als Aussage eines Zeitzeugen gelten, der unbelastet und nicht voreingenommen seine Erinnerungen auf den Tisch legt.

Schon seit frühester Jugend hörte ich immer wieder den Namen „Jude". Im Kindergarten, damals noch von Diakonissen geleitet, wurden uns die biblischen Geschichten erzählt. Man hörte von dem jüdischen Lande, von dem Juden Jesus, und von den jüdischen Schriftgelehrten und Pharisäern. Aber wer sie in Wirklichkeit waren, das verstand ich damals noch nicht. Auf meine Fragen, an die Mutter gerichtet, erhielt ich die kurze Antwort: Die Juden sind Menschen wie du und ich.

Dann kam das Dritte Reich, und mir fiel bei meinen Gängen durch Stuttgart auf, wie ein Zeitungsverkäufer am Schlossplatz mit lauter Stimme seine Zeitungen anbot mit dem lauten Ruf: „Der Stüüüürmer". Schon auf der ersten Seite sah man Abbildungen von Köpfen mit gebogenen Nasen, wulstigen Lippen und lockigen Haaren. Also so sahen die Juden aus, ging es mir durch den Kopf. „Der Stürmer" war das Hetzblatt der Nazis, das mit dem zunehmend geschürten Antisemitismus seine Verbreitung suchte. Allerdings schien mir der Verkauf nicht allzu heftig. Der Verkäufer hatte trotz großem Geschrei Mühe, seine Zeitungen loszuwerden. Die Passanten gingen, mit wenigen Ausnahmen, achtlos an ihm vorbei.

Die Juden! Aber wo waren sie denn? So fragte sich der neugierige Bub. Er wollte sie gerne sehen, sozusagen von Angesicht zu Angesicht. Wohl fiel im Elternhaus der eine oder andere Name von bekannten Geschäftshäusern und ihren Eigentümern. Aber die hatten doch keine krummen Nasen?

Einen Schritt weiter kam ich mit meinen Recherchen, als ich eines Tages im Wartezimmer unseres Zahnarztes saß. Er war ein aktives Mitglied der politischen SS und stiefelte mit Vorliebe in seiner schwarzen Uniform in der Gegend herum. Da lagen im Wartezimmer bunte Hefte mit Abbildungen, die einen Abraham, Jakob und Isaak zeigten, wie sie mit ihren Familien, also mit Sack und Pack einem fernem Lande mit Namen Jerusalem entgegenwanderten. Und alle hatten krumme Nasen und Locken.

Aber auch diese Lektion stimmte, wie ich überlegte, nicht mit der Wirklichkeit überein. Die Stunde der Wahrheit schlug für mich, als ich zehn Jahre alt war. Da bekam unsere Schulklasse einen neuen Schüler, den der Klassenlehrer wie üblich vorstellte. Er sagte uns nicht, dass der Junge Jude war, aber irgendwie war die Vorstellung anders als sonst, auffallend zurückhaltend und spürbar vorsichtig. Die Eltern des Jungen waren von auswärts zugezogen und wohnten in unserer Straße. Man nahm sie aber gar nicht wahr, weil sie geradezu scheu, um nicht zu sagen verstohlen durch die Straßen schlichen. Wie, wenn sie von einem schlechten Gewissen geplagt wären.

Es dauerte dann nicht lange, bis das Gerücht durch unsere Klasse lief, man könne den Jakob ungestraft verhauen. Der Gerüchtemacher blieb unerkannt, war aber mit Wahrscheinlichkeit einer der Lehrer, die zu den scharfen Parteigängern zählten. Natürlich hat keiner von uns den Jungen verhauen, wir sahen dazu keinen Grund. Aber in mir regte sich ein starkes Mitgefühl. Er tat mir leid. So wollte ich ihm meine Freundschaft anbieten und ihn zu unserem Gassenfußball einladen. Als ich an der Wohnungstür der Familie klingelte, verging eine auffallend lange Zeit, bis die Mutter öffnete. Auf meine Einladung schüttelte sie aber nur wortlos mit dem Kopf und schloss schnell wieder die Tür.

Noch durchblickte ich nicht die Hintergründe der jüdischen Tragödie mit all ihren verbrecherischen Folgen. Zumal das Goethewort „Edel sei der Mensch, hilfreich und gut" auch damals von der Partei immer wieder als Aushängeschild benutzt wurde.

Im Jahr 1938 zog unsere Familie von Stuttgart nach Ulm. Ich ging in die Realschule und auch hier saß ein jüdischer Schüler mit mir auf der Schulbank. Er hieß H. Unser Klassenlehrer war ein freundlicher Professor, der jeder Parteipropaganda aus dem Wege ging. Hatte er in seinem vorgeschriebenen Lehrprogramm als Thema das Judentum, schickte er den Jungen mit geradezu mitleidiger, um nicht zu sagen wehleidiger Stimme vor die Tür: „H., geh raus!". Der stand dann dort und wartete, bis es wieder hieß: „H., komm rein!". Hatte ein Schüler einen Furz gelassen, rief der Professor laut und zornig in die Klasse: „Da heißt es immer, die Juden stinken! Nein, pfui Teufel, ihr stinkt!" Das war ein makaberer und geradezu gewagter Ausdruck, der versteckt seine Gegnerschaft zum Regime offenbarte. Wenn er in die falschen Ohren gekommen wäre, hätte sich dieser gute Mann auf nichts Gutes gefasst machen müssen.

Auch dieser Klassenkamerad H. tat mir leid, so dass ich auch zu ihm einen Kontakt suchte. Als ich ihn zu Hause besuchte, geschah dasselbe wie damals in Stuttgart. Man ließ mich in die Wohnung eintreten, aber die Stimmung war so bedrückend und unnatürlich, dass ich schnell wieder das Weite suchte. Auch hier wohnte die dunkle Angst in einer Form, die mir unheimlich war.

Dann kam die sogenannte Kristallnacht vom 9. zum 10. November 1938. Sie galt als Racheakt auf die Ermordung des deutschen Botschafters in Paris durch einen jungen, jüdischen Patrioten. In vielen deutschen Städten wurden durch organisierte SA-Trupps in jüdischen Geschäftshäusern die Schaufester eingeschlagen und Synagogen angezündet. So auch in Ulm. Die SA-Rabauken hatte man aus dem ganzen Landkreis angekarrt, die Bevölkerung selbst blieb weitgehend passiv.

Als ich am darauf folgenden Tag in die Schule kam, hörte ich von den Vorkommnissen in der Nacht und auch, dass die Synagoge am Weinhof brenne. Dann erfuhren wir, dass auch bei einem ganz in der Nähe liegenden Zigarrengeschäft die Schaufenster kaputt seien und man sich der ausgestellten Tabakwaren natürlich kostenlos bedienen könne. Der Besitzer war Jude, was vorher keiner wusste. Als es dann zur ersten Schulpause klingelte, rannten wir scharenweise zu diesem Geschäft, um uns das Schauspiel anzusehen. Die Auslagen waren bereits von den schnelleren Schülern abgeräumt, nur an einem Zigarrenautomaten versuchte der eine oder andere, die darin sichtbaren Münzen herauszuklopfen. Was auffallend war: Man sah keine Polizei, die sonst immer gleich zur Stelle war. Aber ebenso fiel mir auf, dass die wenigen Passanten zur Seite schauten oder auch stehen blieben, wortlos mit dem Kopfe schüttelten und weiter eilten.

Schon am nächsten Tag war zu hören, dass die Brandstifter der Synagoge den dort wohnenden Rabbiner in den großen Wasserbrunnen geworfen und an seinem Barte darin herumgezogen hätten. Zu Hause hörte man meinen Vater zu einem Freunde sagen: „Heute schäme ich mich, ein Deutscher zu sein", und sein Gegenüber, der später alle seine drei Söhne im Krieg verlor, antwortete: „Ich auch!"

Vielleicht noch eine Erklärung an solche, die die Frage umtreibt: „Was waren denn das für Menschen, die sich zu solchen Gaunereien hergaben?" Zufällig sind mir später drei davon über den Weg gelaufen. Der eine war ein gebildeter Schuldirektor, ein anderer hatte durch eine Schädelverletzung einen erkennbaren „Dachschaden", und der dritte lebte in einem stadtbekannten Wohnbereich, wo man „Asoziale" untergebracht hatte. Seine Frau erklärte im Metzgerladen sehr stolz, dass ihr Alter auch dabei gewesen sei und sogar als Beute eine Uhr mitgebracht habe. Der Schulmeister wurde nach Kriegsende zu zwei Jahren Lagerhaft verurteilt. Die beiden andern hatten sich wie gewohnt in ihre Schlupflöcher zurückgezogen mit der Parole: „Mein Name ist Hase, ich weiß von nichts."

1941 kam dann die Verordnung, dass die Juden als Kennzeichen einen aufgenähten gelben Stern an ihrer Kleidung zu tragen hatten. Eine gewisse Zeit konnte man die so abgestempelten Menschen noch in der Stadt antreffen, sie machten einen auffallend ängstlichen und verschüchterten Eindruck. Aber schon bald darauf waren sie wie vom Erdboden verschwunden. Ich selbst bekam erst nach meiner Auswanderung (1951) in Argentinien wieder Kontakte mit Juden. Da nicht wenige der jüdischen Emigranten auch Argentinien als neue Heimat gewählt hatten, traf man sie überall, oft waren sie die nächsten Nachbarn. Selbst als Pfarrer konnten sie meinen freundlichen Gruß übersehen und es dauerte oft lange, bis sie das Misstrauen, wenn nicht gar den Hass gegen alles Deutsche aufgaben. Was zu verstehen war. Daher war es mir ein Anliegen, gerade diesen Menschen auf jede Art entgegenzukommen und nach Möglichkeit gut Freund mit ihnen zu werden.

Einer unter ihnen war der alte Jakob K. Er wurde in einem Dorf in der Nähe von Frankfurt geboren, wuchs dort auf und ging zur Schule. Aber er war Jude und erzählte, wie er einmal von der Frau Pastor mit einer Ohrfeige aus der Kirche gejagt wurde mit den Worten: „Verschwinde, du hast hier nichts zu suchen!". Als begeisterter Sänger wurde er Mitglied im dortigen Gesangverein. Aber dann kam das Dritte Reich, und er wanderte noch rechtzeitig mit seiner jungen Frau nach Argentinien aus.

Dann erzählte er weiter, wie er in der Nachkriegszeit noch einmal die verlorene Heimat und den Ort seiner Jugend wiedersehen wollte, und dass ihm seine Kinder dazu die Reise bezahlt hätten. Aber er sei sehr enttäuscht zurückgekommen. Und schon summte er das alte Volkslied vor sich hin, wo es heißt: „Die alten Straßen noch, die alten Häuser noch, die alten Freunde aber sind nicht mehr". Da wurden wir beide sehr traurig. Ich beschaffte mir dann dieses Lied in Deutschland auf Kassette und schickte es ihm. Seine Frau bedankte sich schriftlich mit der Bemerkung, er lasse „diese Kassette den ganzen Tag laufen". Sie war ebenfalls Jüdin, auf einem Gut in Ostpreußen aufgewachsen und hatte sich verliebt in einen jungen Soldaten der Wehrmacht. Aber das Verhältnis sei durch die politische Entwicklung gescheitert. Ihre Frage, „ob er wohl den Krieg überlebt hat?" klang sehr traurig. – Während dieser Unterhaltung saß ich an ihrem Bett, da sie die Grippe hatte. Dann holte ich schnell mein Akkordeon und war überaus erstaunt, wie sie auflebte und wie begeistert und gekonnt sie die Lieder mitsang, die man in ihrer Jugend gesungen hatte. Lieder von Hermann Löns – „Als ich gestern einsam ging, auf der grünen, grünen Heid", oder „Es stehn drei Birken auf der Heide" oder „Es dunkelt schon in der Heide", „Zogen einst fünf wilde Schwäne" usw. –

Ein andermal schleppte ich den Koffer eines Hotelgastes die Treppe hoch, an der Wand hingen verschiedene Fotos deutscher Städte. Da blieb er plötzlich vor einer Abbildung des berühmten Breslauer Rathauses stehen, tippte auf das Glas und meinte „Hier war mein Vater einmal Bürgermeister". Als ich im Zimmer angekommen den Koffer abstellte, lud er mich zum Sitzen ein und es entspann sich eine längere Unterhaltung. Er interessierte sich sehr für das Dritte Reich und auch dafür, wie ich mich damals denn verhalten habe. Ich erzählte ihm freimütig meine Erfahrungen als Hitlerjunge und später als Soldat, und mir fiel auf, wie verständnisvoll und klug er darauf reagierte. Und als er mir nachher ein gutes Trinkgeld in die Hand drückte, mir, dem armen Hotelboy, der ohne Lohn und nur fürs Essen arbeitete, da bekam ich erneut ein buchstäblich „handgreifliches" Argument dafür in die Hand, dass es gute und vernünftige Menschen unter allen

Völkerschaften gibt, gleich welcher Hautfarbe oder Rasse sie angehören.

Weitere Erfahrungen machte ich auch mit einigen Rabbinern. Dabei bleibt mir ein Erlebnis unvergesslich, weil es mir einen Heidenschreck einjagte. Eben hatte ich mein Studium beendet (1958) und als Neuling meine erste Pfarrstelle in Buenos Aires angetreten, da kam die erste Beerdigung. Eine junge Frau, erst wenige Monate verheiratet, saß weinend vor mir und berichtete, dass ihr Mann tödlich verunglückt sei, von einem Vorortzug überfahren, dabei schrecklich zugerichtet. So saß ich äußerst verunsichert, um nicht zu sagen angstvoll über meiner ersten Beerdigungspredigt und grübelte, was es in diesem Falle noch Trostvolles zu sagen gäbe. Die Worte Jesu „Ich bin die Auferstehung und das Leben" wurden dann zum Inhalt und zeigten somit den einzigen Ausweg, um nicht auf alle Ewigkeit verloren zu gehen.

Dicht gedrängt standen zur vorgegebenen Stunde die Gäste im Trauerhaus, und ich war eben dabei, in meinen Talar zu schlüpfen, da näherte sich mir jemand und flüsterte mir zu, dass der Oberrabbiner von Buenos Aires auch anwesend sei. Der Schreck fuhr mir in alle Glieder. Um Gottes Willen, die Juden lehnen doch, so war mir bekannt, Jesus als den auferstandenen Gottessohn ab! Und könnte es nicht sein, dass sich das Haupt der argentinischen Juden von mir beleidigt fühlt und ich am nächsten Tag in den Zeitungen stehe? Diese Predigt kann ich unmöglich halten, ging es mir durch den Sinn. Und für eine Änderung in freier Rede fehlte mir die Sicherheit. Aber es gab kein Zurück mehr. Ich schickte mich ins Unvermeidliche und las, mit etwas zitternder Stimme, die Predigt von meiner Vorlage ab.

Am Ende der Zeremonie wollte ich schnell und lautlos verschwinden, da wurde ich gerufen. Es war der Oberrabbi-

ner, der nach mir verlangte. Au wei, jetzt kam das Donner-
wetter. Als ich ihm gegenüberstand, lächelte er mich freundlich an, drückte mir die Hand und sagte: „Dankeschön, Ihre
Predigt hat mir sehr gut gefallen". Es war kein Stein, sondern
ein Felsbrocken, der mir vom Herzen fiel. So froh und getrost
fuhr ich nach einer Beerdigung selten nach Hause. Es war für
mich, den jungen Pfarrer, eine Glaubensstärkung, weil ich
erneut die sprichwörtliche Wahrheit erfahren konnte, dass
„der Mensch wohl denkt – aber schlussendlich Gott immer
der ist, der lenkt".

So gab es für mich noch so manche Begegnungen mit
Vertretern des Judentums, eine Einladung nach Israel inbe-
griffen. Ich habe abgelehnt. Der Grund mag makaber klingen und ist es vielleicht auch. Aber ich schämte mich einfach der begangenen Untaten meines Volkes, auch wenn die
Täter, sprich Verbrecher, nur einen Teil davon ausmachten.
Ich wollte einfach den Israelis den Anblick eines Deutschen
ersparen. Aber ebenso mir selbst die Vorwürfe für Taten, an
denen ich als junger Mensch auf keine Weise beteiligt war.

Sich zu schämen ist ein Ausdruck des Gefühls so wie die
Freude oder die Trauer. Man kann die Scham nicht befehlen,
manipulieren oder gar anerziehen. Wenn sie kommt, über-
fällt sie die Seele und macht den Menschen bescheiden und
demütig. Eine wahrhaft christliche Tugend. Aber gleichzeitig
ist sie auch der Anfang zur Besserung (v. Eichendorff). Ich
halte sie für den richtigen und damit passenden Schlüssel für
jede Wiedergutmachung und damit für eindrucksvoller und
ehrlicher als feierliche Gedenktage, Kranzniederlegungen
oder materielle Entschädigungen. Wer sich nicht mehr schämen kann, der hat ein Kernstück seines Menschseins verloren. Beenden wir dieses Kapitel mit einer Weisheit Tolstojs:

„Die Scham vor den Leuten ist ein gutes Gefühl, aber am besten ist die Scham vor sich selbst!"

Mein Bemühen um Kontakte zum Judentum hatte vorrangig die Absicht, Brücken zu bauen über diese Abgründe von Hass, Misstrauen und Vorwürfen, die ich wohl nicht offen, aber doch unterschwellig immer noch vorfand zwischen Deutschen und Juden. Ich wollte versöhnen und auf meine Art wiedergutmachen. Dazu gehört, dass man selbst über die Brücke geht, dem andern entgegen, und ihm die Freundeshand anbietet, aber gleichzeitig auch unter die Arme greift, wenn Not am Mann ist. So fand ich in einem versteckten Winkel Nordargentiniens eine jüdische Familie, die einst von Polen nach Argentinien ausgewandert war. Die Frau hatte Medizin studiert, der Mann war höherer Angestellter. Nun lebten sie in ärmlichsten Verhältnissen. So organisierte ich mit Hilfe meines Freundeskreises die Mittel für einen praktisch neuen Hausbau mit Toilette, den Anschluss an das elektrische Netz, neue Bettgestelle, einen Küchenherd samt Tisch und Stühlen. Die inzwischen alt und krank gewordenen Menschen bekamen neuen Lebensmut, bei jedem Besuch eilten sie dem Deutschen entgegen und fielen ihm um den Hals. Und als ich ihnen dann noch inkognito einen Kühlschrank ins Haus liefern ließ (der Absender sei der liebe Gott), überbrachte mir die dortige Vorsteherin der jüdischen Gemeinde ein Geschenk. Dabei griff sie ganz plötzlich und unerwartet nach meiner Hand und küsste sie. Da wurde mir ganz peinlich zumute, aber gleichzeitig auch warm ums Herz. Ich freute mich, weil damit meine versteckte Scham einen tüchtigen Dämpfer erhielt und sogar verschwand. – Doch nun zurück zum eigentlichen Thema.

Drei Wünsche

Sie kam aus dem württembergischen Pietismus und war eine fromme Frau. Beim Essen wurde ein Tischgebet gesprochen, eine Andacht gelesen und am Sonntag ging es für uns Kinder unweigerlich in die Sonntagschule und später in den Gottesdienst. In der evangelischen Petruskirche des Stuttgarter Vororts Gablenberg predigten zwei Pfarrer im Wechsel. Der eine war recht menschlicher Art. Er predigte unterhaltsam, spannend und zuweilen auch lustig. Zu dem ging man gerne. Der andere verzog keine Miene und predigte monoton und langweilig. Deswegen steckte sich der Bub vorher einen Karl May oder sonstigen Abenteuerkrimi in die Tasche und platzierte sich in der hintersten Kirchenbank. Erst beim Schlusslied war er wieder „da", denn das Singen machte ihn zeitlebens lebendig. Aber was er bei diesen Gottesdiensten trotzdem lernte und zeitlebens in seinem Herzen bewahrte, war die Erkenntnis, dass auch die technisch und theologisch beste Predigt steht oder fällt mit der Person des Vortragenden und seiner Art, sie weiterzugeben. Auch hier trifft Goethes Faust den Nagel auf den Kopf, wenn er ihn sagen lässt: „Ich hab es öfter rühmen hören – ein Komödiant könnt einen Pfarrer lehren". Oder so gesagt: Wiewohl die Verkündigung des Evangeliums keine Komödie im theatralischen Verständnis sein sollte, müsste der Prediger doch gewisse Techniken und Regeln eines Schauspielers kennen und anwenden, damit ihm die Zuhörer nicht einschlafen.

Natürlich blieb der religiöse Einfluss der Mutter in Form eines gelebten Christenglaubens nicht ohne Folgen für sein späteres Leben. Nie konnte er vergessen, wie sie sich abends neben sein Bettchen setzte und betete. Oft sangen wir noch ein Lied, zum Beispiel: „Weißt du, wie viel Sternlein stehen an dem blauen Himmelszelt?". Und wenn es dann hieß, dass

Gott sie alle gezählet hat und sogar beim Namen nennt, so wie auch den kleinen Fritz, dann fühlte er sich so geborgen und behütet wie die Küken unter den Flügeln ihrer Glucke. Er hatte keine Angst mehr, auch nicht vor dem morgigen Schultag und dem strengen Blick seines Lehrers. Und wenn die Mutter das immer eilige Fritzle vor jedem Schulgang an der Tür zurückhielt, die Hände faltete und betete: „Unsern Ausgang segne Gott, unsern Eingang gleichermaßen", dann glaubte er sogar an Schutzengel.

An dieser guten Sitte hielt die Mutter auch später fest, als ihre Kinder in den Krieg ziehen mussten. Und als ich später beim Krachen eines Bombenhagels mein Gesicht in den Dreck steckte, an was dachte ich da wohl? Es war die Mutter, aber auch Gott, der mich ja beim Namen kennt und auf mich wartet, selbst dann, wenn jetzt das Ende kommt. Die Mutter! Sie war es, die mich das Beten gelehrt hat und die mich durch ihr Vorbild überzeugte und zu Jesus geführt hat. Seiner Einladung wollte ich folgen: „Ich bin der Weg, die Wahrheit und das Leben."

Die Mutter war mir Vorbild und sie hat mich das Beten gelehrt. Deswegen war schon dem kleinen Fritz klar, wie wichtig es für einen Mann ist, die richtige Frau zu suchen und zu heiraten. Denn davon hängt ja das Wohl einer Ehe und die damit zusammenhängende Kindererziehung ab.

So kam es, dass schon der kleine Erstklässler in sein tägliches Abendgebet drei Bitten einschloss, die aber niemand und keiner erfahren sollte. Sie blieben streng geheim. Für dich, lieber Leser, lüfte ich aber diesen Schleier, weil du erfahren darfst, wie oft so eigenartig Gott seine Kinder führt und zum Ziele bringt.

Der Bub betete täglich um drei Dinge:

1. Lieber Gott, wenn ich einmal groß bin und heirate – dann gib mir eine fromme Frau.
2. Wenn ich einmal Soldat werde, dann kommandiere mich dahin, wo es Pferde gibt.
3. Wenn ich einmal erwachsen bin, lass mich bitte nach Amerika auswandern.

Und Gott hat geantwortet. Nicht immer sofort und auf der Stelle, aber immer zur rechten Zeit. Du glaubst es nicht? Ich liefere den Beweis und versuche auch zu erklären, was der Grund meiner Bitten war.

Zu 1: Hier war es das Vorbild meiner Mutter. Ich konnte an ihren Aktionen und Reaktionen sehen und begreifen, dass grundsätzlich mit einem gläubigen Menschen ein friedliches Zusammenleben besser garantiert war. Warum? Weil er das im Vaterunser-Gebet Jesu erwähnte Gebot: „Und vergib uns unsere Schuld, wie auch wir vergeben unsern Schuldigern" versucht ernst zu nehmen. Denn wo das passiert, da kehrt immer der Friede ein.

Zu 2.: Irgendwie muss in meinen Genen noch ein Nachfahre des Dschingis Khan (Begründer des mongolischen Weltreichs, ca. 1162 – 1227) herumgeistern, dessen Reiterheere die damalige Welt durch Schnelligkeit und Wagemut in Atem hielten. Denn wenn der kleine Fritz durch die Straßen schlenderte und dabei ein Pferdefuhrwerk stehen sah, musste er unweigerlich an die Pferde herantreten und vorsichtig ihre samtenen Nüstern streicheln. Ach, war das schön. Und mehr noch, wenn das Tier damit nach dem Stück Würfelzucker schlabberte, das er gewöhnlich in seiner Hosentasche parat hielt. Und geradezu stolz wurde er, als er bei der Geburtstagsfeier eines Schulkameraden, dessen Vater eine eigene

Reithalle besaß, als einziger einem trabenden Pferd in den Sattel springen konnte, dabei war er der kleinste Teilnehmer.

Ansonsten wuchs sein Selbstvertrauen in der Form, dass er unbedingt in das sogenannte Jungvolk eintreten wollte, eine von Hitlers Jugendorganisationen. Lange bearbeitete der zehnjährige Schulbub seine Eltern, bis sie ihm die dazu nötige Uniform kauften. Es war ein braunes Hemd, eine kurze schwarze Hose, ein schwarzes Halstuch mit einem ledernen Knoten und ein Schulterriemen. Jetzt konnte auch er mit seinem Fähnlein (so hieß die Kompanie) stolz im Marschgesang begeistert singen:

„Wir schreiten über die Straße mit ruhig festem Schritt
Und über uns die Fahne, die rauscht und flattert mit. "

Die Fahne war schwarz mit einer weißen Rune, einem geheimnisvollen Schriftzeichen der Germanen und Kelten, wie auch das Hakenkreuz.

Ja, viele Fahnen wehten im Dritten Reich. Und die Hitlerbuben sangen im Marsch: „Vorwärts, vorwärts schmettern die hellen Fanfaren", wo es dann auch heißt „Ja, die Fahne ist mehr als der Tod."

Diese Bedeutung verstand man natürlich nicht. Als mich die Eltern einmal auf eine Beerdigung mitnahmen, sah ich meine erste Tote, es war eine alte Base. Sie lag so ruhig im Sarg und rührte sich nicht mehr. Aber beim kleinen Fritz tauchte die Frage auf: „Wo ist sie jetzt?" – Und als ein damals sogenannter Leichenchor anfing zu singen:

„Wo findet die Seele, die Heimat die Ruh
Wer deckt sie mit schützenden Fittichen zu?"

da war wieder von einer Seele zu hören, die der Mensch habe und die nach dem Tode zu Gott zurückkehre.

Gerade dieses Lied hat mich ungeheuer beeindruckt, ja angerührt, dass es mich ein Leben lang nicht mehr losließ. Obwohl in einer Kirche nie gehört, tauchte es plötzlich nach vielen Jahren wieder auf bei Beerdigungen in Paraguay, wo es meine Gemeindeglieder sangen. Sie kamen als Auswanderer aus dem schwäbischen Raum, aber auch aus den östlichen Gauen wie West- und Ostpreußen und Pommern.

1939 brach der 2. Weltkrieg aus. Groß war die Enttäuschung des begeisterten Marschierers Fritz, als er im Januar 1943 zum Militärdienst einrücken sollte und dabei nur in die Klasse GVH (Garnison-Verwendungsfähig-Heimat) eingestuft wurde. Durch seine gekrümmte Wirbelsäule schien er nicht geeignet für eine Kampftruppe. Das hat ihn nicht nur geärgert, sondern seinem Selbstvertrauen einen tüchtigen Schlag versetzt. Straßen- und Brückenbau hinter der Front, verbunden mit Zimmerer- und Maurerarbeiten ließen das beschämende Gefühl in ihm aufkommen, ein Drückeberger zu sein. Doch plötzlich machte es die sich ständig verschlechternde Kriegslage und der damit verbundene Mangel an Kraftstoff erforderlich, die Transporte an die Front wieder wie früher mit Pferdefuhrwerken durchzuführen, und so kam es, dass der Fritz über Nacht zu einer im Eiltempo aufgestellten Pferdeschwadron abkommandiert wurde, und bei Kriegsende seinem „Braunen" nur noch einmal wehmütig den Hals streichelte, ehe er ihn einfach stehen ließ und das Weite suchte, weil die Russenpanzer bereits zu hören waren.

Zu 3: Nach einer kürzeren Kriegsgefangenschaft kehrte ich 1945, zwanzigjährig, zurück in die Heimat. Das Elternhaus in Ulm war zerstört, die Restfamilie hauste als sogenannte Evakuierte im Ausgeding (Altenteil) eines bäuerlichen Anwesens. Beruf hatte ich keinen, das Essen war knapp und der ständige Hunger groß. Da schrieb ein Onkel aus Argentinien:

Bei ihnen könne man essen, so viel man wolle. Und wenn ich Lust hätte, könnte ich kommen. Das tat ich zusammen mit meiner zuvor geheirateten jungen Frau. Als Auswanderer nahmen wir im Mai 1951 Abschied von der Heimat, wie wir dachten auf Nimmerwiedersehen.

Argentinien ist ein Pferdeland. Als die Spanier 1636 am rechten Ufer des La Plata landeten, brachten sie Pferde mit. Für die dort ansässigen Indianer vom Stamme der *Querandi* waren dies bisher unbekannte Tiere. Aber sehr bald erkannten sie, als bisher nur herumschweifende Jäger und Fischer, den Wert dieses Transportmittels. So verwandelten sie sich sehr schnell in ein gefürchtetes Reitervolk, das die Weite der Pampa immer mehr beherrschte und zum Schrecken aller Nachbarn wurde. Man nannte sie *Gauchos*, die sich dann später auch an den Befreiungskriegen maßgeblich beteiligten.

Beim Eintreffen auf der Farm des Onkels schlug mein Herz um einige Schläge höher, als es die sechzigköpfige Pferdeherde herandonnern hörte. Sie liefen frei in Busch, Savanne und Wald, Ställe kannte man nicht. Sie zu fangen, um sie vor den Pflug zu spannen (jeweils acht), war nur mit dem Lasso möglich. Ich war im Pferdeparadies gelandet, und mein Arbeits- und Ruhesessel war der Sattel. Nur war es ein brotloses Paradies. Wir hatten keinerlei Verdienst. Den zugesagten Ernteanteil gab es nicht, denn was die Sonne auf den Feldern nicht verbrannte (bis 45 Grad Celsius), die Dürre nicht vertrocknete (acht Monate fiel kein Regentropfen), das fraßen die Heuschrecken kahl, die wie schwarze Gewitterwolken stundenlang am Himmel dahinzogen, bis sie abends auf die Felder einfielen, um sie kahl zu fressen.

Wieder musste ich von meinem Pferd, Negro, Abschied nehmen, um für uns in einem Hotel als Laufbursche, Nachtwächter und Schuhputzer das Essen zu verdienen. Als nächster Abschnitt folgte die Anstellung in einem Altersheim, dessen Zustand man bestenfalls mit einem Hühnerstall vergleichen könnte. Ich betätigte mich als Psychotherapeut, Krankenpfleger, Leichenbestatter, Rattenfänger, Ameisenjäger, Hausierer in Küchengeräten, Eierhändler und landete schließlich als Student an einer theologischen Hochschule in Buenos Aires.

Im Jahr 1958 wurde ich zum Pastor ordiniert. Wie dann alles auf sehr abenteuerliche Weise so ganz anders kam als gedacht, habe ich in meiner Autobiografie „Vom Gauchosattel auf die Kanzel" (Hänssler-Verlag) berichtet.

III. Der Gegner

Warum Rom?

Wie bereits erwähnt, ist mein Gegner nicht die italienische Hauptstadt Rom, sondern die dort verwurzelte katholische Kirche. Dabei unterscheide ich sehr genau zwischen dem, was Jesus Christus als seine an ihn gläubigen Brüder und Schwestern und somit als seinen mit ihm verbundenen Leib bezeichnete, und dem, was die Menschen daraus gemacht haben. Also zwischen einer mehr oder weniger gut geführten und funktionierenden Organisation Kirche und einem lebendig funktionierenden, geistlichen Organismus. Letzterer liegt außerhalb jedes menschlichen Einflusses, denn der Geist Gottes „weht, wo er will" (Johannes 3 u. folgende) und nicht, wo die Menschen und Kirchen ihn hin delegieren und gerne haben möchten.

Wegen dieser Erkenntnis werde ich mich hüten, gegen den Leib Christi anzureiten, zumal es für den suchenden Normalverbraucher Mensch nicht einfach ist, ihn zu finden. Zu groß und verworren ist der Dschungel religiöser Meinungen. Trotzdem aber spürt man seine Kraft da, wo er Mitte und Zentrum ist. Und dazu gehört selbstverständlich auch die katholische Kirche, ohne deren Wirken, Opfern, Kämpfen und Planen es unmöglich gewesen wäre, den christlichen Glauben durch alle Jahrhunderte bis in unsere Tage durchzutragen. Daher gilt mein Kampf nicht ihren frommen Gläubigen, vorbildlichen Ordensschwestern und Priestern und den zum Teil hervorragenden Päpsten, sondern jenen Wölfen im Schafspelz, die im christlichen Gewande dem Namen Christi Unehre und Schande gebracht haben. Und die man als Mitverantwortliche dafür bezeichnen kann, dass es in unserer Welt so traurig zugeht. Ein starkes Wort? Nie vergesse ich die Äußerung jenes argentinischen Bischofs, der vor Jahren im Blick auf die Armut und Misere seines Landes gestand: „Wenn es in unserem Land so weit kommen konnte, dann haben wir Priester falsch gepredigt." Mit anderen Worten, wir haben nicht die Wahrheit gesagt. Ob aus Angst, aus Bequemlichkeit oder Machthaberei, Gott mag es wissen. Aber wer die Wahrheit verschweigt, der lügt. Und damit macht er sich unglaubwürdig und seine Botschaft mit dazu.

Nun kann mit den Worten des römischen Statthalters Pilatus gefragt werden: „Was ist Wahrheit?" Sie ist so ungeheuer wichtig vor jeder Entscheidung und vor jedem Urteil. Auch bei einem Für oder Wider zur Institution Römische Kirche. Deswegen hat es eine ganze Weile gedauert, bis ich mich zu dem Entschluss durchringen konnte, dieses Buch zu schreiben.

Es war die Wahrheit, die mich dazu trieb. Aber ebenso die Absicht, diesem so häufig gebrauchten und missbrauchten Begriff Ökumene einen Stoß zu versetzen, und so, dass er umfällt. O nein, nicht auf die Nase, sondern auf die Knie. Denn dies ist der Ausdruck von Buße und Reue und somit der Ausgangspunkt für jeden Neuanfang. In Psalm 22,30 ist nachzulesen: „Vor ihm werden die Knie beugen alle, die im Staube liegen, und die, so kümmerlich leben." Und damit sind ausnahmslos alle Menschen gemeint. Wir stehen vor Gottes Heiligkeit ohne Unterschied immer als Kümmerlinge da, weil wir sein Gebot der Nächstenliebe nie so erfüllen konnten, dass davor nicht die Eigenliebe zu uns selbst gestanden hätte. Wir bleiben kümmerliche Figuren, wenn uns nicht die Kraft des Heiligen Geistes in einen neuen Menschen verwandelt, welcher Gott lebenslang ohne Furcht dient, in Heiligkeit und Gerechtigkeit. (Lukas 1,75).

Aber sage mir einer, wo diese heiligen, vorbildlichen Musterchristen zu finden sind? Muss man sie nicht suchen wie die Stecknadel im Heuhaufen? Und müssten sie nicht erstrangig da zu suchen sein, wo man an diesen Gott glaubt und sich bemüht, seine Gebote zu halten? Also in den Reihen der christlichen Kirchen, als deren Haupt und Fundament sich ausnahmslos die römisch-katholische Kirche bezeichnet? Nochmals die Frage: Sitzen diese beispielhaften Christen in den Reihen der Weltkirche Roms? Sind es die von ihr erwählten und verehrten Heiligen, sind es ihre Päpste oder Bischöfe?

Ach, wenn ich das wüsste. Aber weil ein Mensch nur sieht, was vor Augen ist, dem Herrn aber nichts verborgen bleibt (1. Samuel 16,7), wage ich auf die erwähnte Frage keine Antwort zu geben. Er ist der gerechte Richter, deswegen kann und wird nur er am Ende aller Zeiten sein richtiges Urteil fällen. Wenn Jesus gebot: „Richtet nicht, auf dass ihr nicht gerichtet werdet", dann wusste er sehr wohl um die menschliche Urteilsschwäche. Und ebenso, wie schnell uns der Satz auf der Zunge liegt: „Du bist schuld!"

Deswegen nehme ich mir eine Verurteilung meines Gegners Rom nicht vor. Aber was ich mir erlaube, ist eine Beurteilung nach der Devise: „Die dir die Wahrheit sagen, das sind deine Freunde!"

Im Blick auf die Weltgeschichte wird und kann niemand leugnen, dass die christlichen Streiter unter dem Kreuzesbanner nicht nur Spuren des Segens, sondern auch des Fluches und Blutes hinterlassen haben. Auf der einen Seite wirklich von Gott geheiligte Nachfolger/innen, die mit und durch ihr Leben in der Nachfolge Christi leuchteten, bis in unsere Tage wie Fackeln in dunkler Nacht. Aber auf der anderen Seite loderten die Scheiterhaufen und es schien, als hätte man sämtliche Dämonen und Teufel aus der Unterwelt losgelassen. Das waren und sind diese blutigen Spuren, die ebenso nach Rom führen. Marksteine von verheerender Aussagekraft, weil sie es schafften, bis hinein in unsere Tage Klüfte aufzureißen, die jedem aufrichtigen Wahrheitssucher Abscheu und Ablehnung bereiten.

Und die Aussagen dieser verdammt blutigen Spur klingen so unglaublich, dass man an ihrer Wahrheit zweifeln möchte. Aber damit, den Kopf in den Sand zu stecken, ist es auch hier nicht getan. Das mag einem Vogel Strauß nützen, aber nicht einer christlichen Kirche, die dazu noch behauptet, die alleinige Wahrheit zu besitzen. Auch bei der Bewältigung ihrer Vergangenheit muss die Parole heißen: Alle Karten auf den Tisch, die guten und die schlechten. Wenn Jesus seinen Nachfolgern ans Herz legte: „So ihr bleiben werdet an meiner Rede, werdet ihr die Wahrheit erkennen und die Wahrheit wird euch frei machen" (Johannes 8,32), so wollte er ihnen damit den rechten Weg zeigen. Es ist der Weg der Wahrheit, der einzige, der zur Glaubwürdigkeit führt und somit auch zur nötigen Aufdeckung der Tatsachen.

Es würde bei Weitem den Rahmen sprengen, im Anschluss all diese aufzuzählen. Wer sich dafür besonders interessiert, findet dazu ausreichendes Material in der Literatur und Weltgeschichte. Meine Absicht besteht in der Aufzählung einiger besonders markanter Fälle, die die damalige Welt bewegten.

Frühere Kämpfe gegen Rom

Petrus Waldes (um 1140 – um 1205)

lebte als wohlhabender Kaufmann in Lyon/Südfrankreich. Nach einer Errettung aus Todesnot wandte er sich von der Welt ab. Er verkaufte seine Güter, schenkte den Erlös den Armen und begann, die Heilige Schrift zu studieren. Da diese nur auf Latein vorlag, ließ er die Bibel in die französische Volkssprache übersetzen. Überzeugt davon, dass das Wort Gottes unter das Volk musste, fing er an zu predigen und hatte immer größeren Zulauf. Bei seiner Verkündigung wurde immer mehr die Diskrepanz sichtbar zwischen der Forderung und Wahrheit des Evangeliums und einem Großteil der kirchlichen Priesterschaft. Nicht wenige Päpste, wie z. B. Johannes XII., Johannes XXIII., Alexander VI., hatten sich des Mordes, der Hurerei, Trunksucht und des Unglaubens schuldig gemacht, das Leben Alexanders VI. war eine Aneinanderreihung der übelsten Verbrechen. Die reichsten Kardinäle hat er vergiftet und mit ihrem Vermögen sich und seine Kinder bereichert. Einen seiner Söhne, der ein Brudermörder war, machte er zum Kardinal. Diese Beispiele genügen, um zu verstehen, warum es zu diesem Exodus aus einer so korrupt gewordenen Kirche kam und warum in Rom die Alarmglocken immer schriller läuteten. Die Ketzer wurden in den Bann gelegt und blieben ihrer Sache treu, trotz Versprechungen bei einem Widerruf. Waldes predigte weiter, seine Anhänger aber formierten sich zu Gemeinden, die nicht mehr zum Schweigen gebracht werden konnten.

Sie nannten sich Waldenser und wurden mit einer weiteren abgespaltenen Gemeinschaft, den Albigensern, von der katholischen Kirche (Papst Innozenz III.) bei ihrer raschen Verbreitung als große Gefahr erkannt. Besonders auch dadurch, dass sie selbst von ihren Gegnern das beste Zeugnis für ihre christliche Lebensführung ausgestellt bekamen: Sie seien ordentlich und bescheiden, sammelten keine Reichtümer, sie lernten und lehrten, viele von ihnen wüssten das ganze Neue Testament auswendig, man höre bei ihnen keine Gotteslästerung, kein Schwören, bei der Erziehung ihrer Kinder seien sie sorgfältig usw.

Nun sah Rom die Zeit für gekommen, dieser Entwicklung mit Gewalt Einhalt zu gebieten. Papst Innozenz III. bat den französischen König um Hilfe, also die weltliche Macht, und so kam es, dass sich dessen Heer auf den Weg machte, um im Auftrag des Papstes die Ketzer auszurotten. Ihr Feldkommandant war Simon von Montfort. Als erstes wurde die Stadt Béziers erstürmt und auf Befehl des Abtes Arnold von Cîteaux kein Leben geschont. „Schlagt sie alle tot", sagte er „der Herr kennt die Seinen." So wurden in Béziers 20.000 erschlagen, in Carcassonne 400 Bürger, gleich ob Katholiken oder Ketzer. Dieser schreckliche Vertilgungskrieg dauerte 20 Jahre.

Auf dem im Jahre 1215 einberufenen vierten Laterankonzil und im Jahr 1229 auf der Kirchenversammlung von Toulouse wurde das zukünftige Verfahren gegen die Ketzer genau bestimmt und die sogenannten Inquisitionsgerichte wurden eingeführt, wonach bestimmt wurde, dass jeder Katholik die Pflicht habe, an der Ausrottung aller Ketzerei mitzuwirken. Die Hinrichtung der Ketzer nannte man Glaubenshandlungen oder *Autodafés*, sie geschahen gewöhnlich an Sonntagen. Ein feierlicher Gottesdienst ging voraus, bei dem die Verurteilten, ausgelöschte Kerzen in der Hand, gegenwärtig waren, dann ging der Zug in feierlicher Prozession nach dem Hinrichtungsplatz. Voran die Dominikanermönche mit einer Fahne, welche die Inschrift hatte: „Gerechtigkeit und Barmherzigkeit". Dann folgten die unglücklichen Opfer, barfuß mit einer spitzen Mütze in einem gelben Bußkleide, das mit Teufelslarven bemalt war. So starben viele Tausende als Märtyrer für ihren Glauben.

Am schrecklichsten hat die Inquisition in Spanien gewütet. König Philipp II. (1527 – 1598) rühmte sich, in den ersten sechs Jahren seiner Regierung viele tausend Ketzer verbrannt zu haben. Darunter nicht nur Christen, sondern auch Muslime und Juden. In Deutschland konnte die Inquisition nie festen Fuß fassen.

Johannes Hus (um 1370 – 1415)

Johannes Hus wurde 1401 Professor und Dekan an der philosophischen Fakultät der Universität Prag. Er predigte gegen die Missstände päpstlicher Macht, gegen erzwungene Ehelosigkeit, ungerechte Bannflüche des Papstes, eine maßlose Ablasspraxis und ihre Auswüchse, die mit zum Anlass von Luthers Reformation wurden (ab 1517). Ferner brandmarkte er die Praxis, Heilige anzubeten, und ebenso die Sittenlosigkeit der Prediger. Das Volk strömte unter seine Kanzel. Sein Hauptthema war: „Man muss Gott mehr gehorchen als den Menschen" (Apostelgeschichte 5,29).

Wie üblich versuchte die Kirche, ihn wegen seines Ketzertums zum Schweigen zu bringen. Er erhielt Predigtverbot und wurde schließlich vom Erzbischof mit dem Bann belegt. Um diesen reformatorischen Umtrieben entgegenzutreten, berief der damalige Papst Johannes XXIII. ein Kirchenkonzil nach Konstanz ein, zu welchem man auch Hus bei Zusicherung freien Geleits einlud. Dort sollte er seine Streitpunkte vor einem unparteiischen Kirchengericht vortragen und verteidigen. Hus war, trotz vieler Warnungen, dazu bereit und machte sich im Bewusstsein seiner gerechten Sache auf den langen Weg.

Am 6. Juli 1415 wurde ihm das Todesurteil verlesen, und dann brannte der Scheiterhaufen. Eine letzte Aufforderung zum Widerruf durch den Leiter der Hinrichtung, Pfalzgraf Ludwig, beantwortete er singend: „Jesu, du Sohn des lebendigen Gottes, erbarme dich meiner".

Münze zu Hus' Hinrichtung

Das kirchliche Gremium nebst Papst und König Sigmund hatten ihr Versprechen vom freien Geleit gebrochen. So machten sie sich zu einer widerwärtigen Mörderbande. Hus selbst vergab noch inmitten der lodernden Flammen seinen Peinigern. Martin Luther (1483–1546), der deutsche Reformator, wurde auf ähnliche Weise nach Rom beschieden (Papst Leo X.), um dort seine Lehre zu verteidigen. Aber Kurfürst Friedrich von Sachsen verbot die Reise im Bewusstsein, dass es Luthers sicherer Tod gewesen wäre.

Girolamo Savonarola (1452 – 1498)

War ein bedeutender italienischer Dominikanermönch und Sittenprediger des Mittelalters. Er wirkte in Florenz. Seine Predigten waren gewaltig und furchtlos und prangerten die damaligen kirchlichen Missstände und Verirrungen mit aller Schärfe an. So blieb es nicht aus, dass ihn der damalige Papst Alexander VI. der Abtrünnigkeit, Ketzerei und Volksverhetzung bezichtigte und zu dem Ausspruch kam, der Mönch müsse sterben. Es kam zu der üblichen Exkommunikation mit allen Folgen: Kerker, Folter und Aufforderung zum Widerruf. Savonarola blieb standhaft, bezeichnete den Papst als höllische Macht. „Rom, du bist krank bis zum Tode, du hast Gott verlassen." Es war am 23. Mai 1498, ein Tag vor Himmelfahrt, als man den Verurteilten mit zwei weiteren Leidensgenossen auf die Richtstätte führte, barfuß und nur mit einem wollenen Hemd bekleidet. Sie sollten aufgehängt und am Galgen verbrannt werden. Dieser hatte die Form eines Kreuzes. Beim Besteigen der Leiter betete Savonarola das Apostolische Glaubensbekenntnis. Die Asche der Ermordeten wurde in den Arno gestreut.

Statue von Savonarola im Palazzo Vecchio zu Florenz

Savonarolas Hinrichtung

Martin Luther (1483 – 1546)

Der deutsche Reformator. Er stammte aus einem thüringischen Bauerngeschlecht und wurde sehr streng erzogen. Beispiel: Nach seinen eigenen Aussagen wurde er einmal an einem Vormittag von seinem Lehrer „fünfzehnmal gestrichen", das hieß damals mit einer Rute verhauen. Durch ein besonderes Gotteserlebnis fasste er den Entschluss, der Welt abzusagen und als Mönch ins Kloster zu gehen. Es war das Augustinerkloster zu Erfurt. Nach vielen inneren Kämpfen fand er auch hier keine Ruhe. 1510 wurde er in Angelegenheiten seines Klosters nach Rom geschickt. Die dort gemachten Erfahrungen mit einer zum Teil korrupten und gotteslästerlichen Priesterschaft widerten ihn so an, dass er in große Anfechtungen und Glaubenskonflikte kam. Nach seiner Rückkehr 1512 wurde er zum Doktor der Heiligen Schrift ernannt, wobei er schwören musste, die Heilige Schrift treulich und lauter zu predigen. Dies tat er mit großem Sachverstand und gewaltigen, volkstümlichen Predigten. Der damalige kunst- und prachtliebende Papst Leo X. führte den mächtigen und bereits angefangenen Bau der Peterskirche fort und benötigte dazu dringend Geld, viel Geld. Der Ablasshandel sollte dazu mithelfen. Er versprach einen Erlass von auferlegten Kirchenstrafen, wurde aber nachher vom Volk so verstanden und von den Verkaufsagenten auch so interpretiert, dass man durch eine gewisse Summe die Vergebung seiner Sünden erhalten könne. Und nicht genug, sogar die seiner bereits verstorbenen Familienangehörigen oder Nachbarn. Ein gängiger Spruch lautete: „Sobald das Geld im Kasten klingt, die Seele aus dem (Fege-)Feuer springt". Ein besonders begabter und eifriger Verkäufer war der marktschreierische Dominikaner Johann Tetzel, dem der Vertrieb vom Mainzer Erzbischof Albrecht, einem Hohenzoller, übergeben worden war. Der machte das Geschäft mit dem Papst „auf Halbe-Halbe". Ganze Wagen voll Geld wanderten über die Alpen, was die Italiener spotten ließ, das seien die Sünden der Deutschen.

Der Ablasshandel

Jedenfalls war dieser üble Ablasshandel mit ein Grund für Luther, seine 95 Thesen am 31. Oktober 1517 am Portal der Wittenberger Kirche anzuschlagen. Sie erregten ungeheures Aufsehen. In vierzehn Tagen waren sie in ganz Deutschland, in vier Wochen in der ganzen Christenheit bekannt. Und damit brannten keine Scheiterhaufen, aber die Flammen schlugen aus dem Dach der römischen Kirche und erfassten ganz Europa. Überall begehrte das Volk auf, Machtkämpfe, ja Kriege zwischen Gläubigen, der Priesterschaft, Fürsten und Königen brachen aus und so mancher Regierende nahm diese aufgeheizte Stimmung zum Anlass, einem politischen oder persönlichen Feind oder Widersacher den Garaus zu machen.

Nun schritt Rom in der üblichen Manier zur Gegenwehr. Nachdem der Dominikaner und Ketzerrichter Hoogstraten von Köln dem Papst die übelsten Vorwürfe wegen seiner

Untätigkeit machte, riet er ihm, mit Feuer und Schwert gegen Luther vorzugehen. Als Folge schickte der Papst Bevollmächtigte (Kardinal Cajetan, Dr. Eck, Miltitz) die mit dem Abtrünnigen disputieren und ihn zum Widerruf veranlassen sollten. Auch berufliche und materielle Angebote wurden Luther dabei gemacht. Aber er blieb standhaft und seiner Glaubenseinstellung treu: „Man muss Gott mehr gehorchen als den Menschen!"

1520 erließ der Papst eine Bannbulle, welche 41 Sätze Luthers als ketzerisch verdammte. Seine Bücher sollten mit Feuer verbrannt, er selbst und seine Anhänger aus der Kirche ausgeschlossen und verdammt sein. Dabei sollte jeder Christ gehalten sein, Luther zu greifen, festzunehmen und nach Rom zu liefern. Was ihm dort geblüht hätte? Der Leser mag sich seine eigenen Gedanken darüber machen. Es wird ihm nicht schwerfallen, nachdem er die damaligen Methoden Roms kennengelernt hat. Bleibt noch zu sagen, dass die Bannbulle in den meisten Orten Deutschlands mit Unwillen aufgenommen wurde. Luther selbst verbrannte sie vor den Toren der Stadt öffentlich unter Anwesenheit der Professoren, Studenten und Bürger. Er war inzwischen so frei von der Autorität des Papstes geworden, dass er sich feierlich von ihr lossagte, indem er am 10. Dezember 1520 die Bulle öffentlich verbrannte. Er übergab sie mit ähnlichen päpstlichen Schriften und Gesetzen dem Feuer mit den Worten:

„Weil du den Heiligen Gottes (Christus) betrübt hast, so verzehre dich das heilige Feuer. Die mordbrennerischen Papisten, die mit dem Verbrennen so tätig sind, sehen, dass es keine große Kunst sei, Bücher zu verbrennen. Es ist das leicht, dass es auch Kinder können, geschweige der Papst und seine Hochgelehrten, denen es besser anstände, dass sie etwas

mehr Kunst bewiesen und die Bücher widerlegten, wenn sie
es vermöchten."

Dem damaligen deutschen Kaiser Maximilian (1493–1519)
folgte der junge König von Spanien, Karl V., auf den Kaiser-
thron. Sein sagenhaft riesiges Reich war so groß, dass darin
nie die Sonne unterging. Er hatte den Vorsatz gefasst, die
„Ketzer" schnell auszurotten, und den geladenen Luther
auf dem anstehenden Reichstag zu Worms (1521) ungehört
verdammt und in die Acht getan. Er musste aber auf den
Kurfürsten Friedrich von Sachsen Rücksicht nehmen, der
ihn wissen ließ, „dass die Deutschen niemand ungehört
verdammten".

Luther verbrennt die Bannbulle

Luther leistete der Vorladung Folge, nachdem ihm siche-
res Geleit versprochen worden war. Warnungen im Blick auf
Hus' Schicksal machten ihn nicht irre. Zu seinem Freund

und Mitstreiter Melanchthon sagte er: „Wenn ich nicht mehr zurückkomme und meine Feinde mich umbringen, so fahre fort zu lehren und bleibe fest in der Wahrheit. Wenn du am Leben bleibst, so schadet mein Tod wenig; du bist ein gelehrterer Streiter als ich".

Luthers Reise nach Worms glich einem Triumphzuge. Man warnte ihn: „Kehret um, man wird euch verbrennen". Seine Antwort: „Und wenn sie ein Feuer machten von Wittenberg bis Worms, so wollte ich doch hindurch und unsern Herrn Christum bekennen."

Das tat er furchtlos vor Kaiser und Reichsfürsten. Diese sprachen dann, dem Papste zuliebe, die Reichsacht über Luther aus, wonach niemand ihn herbergen, speisen, tränken, sondern jedermann ihn binden, gefangennehmen und dem Kaiser überantworten solle. Seine Bücher aber sollten getilgt werden.

Das alles führte ins Gegenteil. Luthers Exil auf der Wartburg gab ihm die Zeit und Ruhe, um innerhalb von zwölf Jahren die ganze Bibel aus dem hebräischen und griechischen Urtext in die heutige deutsche Schriftsprache zu übersetzen, die es so vorher nicht gegeben hat. Ein unübertroffenes Meisterstück der Philologie.

Ebenso bereicherte er das geistliche Liedgut auf vielfältige Weise. Lieder wie: „Aus tiefer Not schrei ich zu dir" oder das Weihnachtslied „Vom Himmel hoch, da komm ich her" werden bis heute gesungen. Am bekanntesten und auch in andere Sprachen übersetzt wurde sein nachfolgendes Lied, das gewöhnlich am Reformationsfeiertag in den evangelischen Gottesdiensten gesungen wird. Weil es wie kein anderes die Atmosphäre der damaligen Zeit verdeutlicht, die ja geschürt war von Angst, Glaubenskämpfen, Hexenjagden und Scheiterhaufen. Es war, als ob der Teufel selbst dieses

Feuer schürte und dabei noch Öl hineinschüttete. Die innerlichen Kämpfe Luthers, aber auch seine mutige Entschlossenheit, diese mit Gottes Hilfe durchzustehen, machen uns seine Aufrichtigkeit klar. Und auch seine Überzeugung, für eine wahrhaftige und gottgewollte Sache zu streiten.

Ein feste Burg ist unser Gott, ein gute Wehr und Waffen.
Er hilft uns frei aus aller Not, die uns jetzt hat betroffen.
Der alt böse Feind mit Ernst er´s jetzt meint;
groß Macht und viel List sein grausam Rüstung ist,
auf Erd ist nicht seinsgleichen.

Mit unsrer Macht ist nichts getan,
wir sind gar bald verloren;
Es streit´ für uns der rechte Mann
den Gott hat selbst erkoren.
Fragst du, wer der ist ? Er heißt Jesus Christ,
der Herr Zebaoth, und ist kein andrer Gott,
das Feld muss er behalten.

Und wenn die Welt voll Teufel wär
und wollt uns gar verschlingen,
so fürchten wir uns nicht so sehr, es soll uns doch gelingen.
Der Fürst dieser Welt, wie sau´r er sich stellt,
tut er uns doch nicht,
das macht, er ist gericht´ – ein Wörtlein kann ihn fällen.

Das Wort sie sollen lassen stahn
und kein´ Dank dazu haben;
er ist bei uns wohl auf dem Plan
mit seinem Geist und Gaben.
Nehmen sie den Leib, Gut, Ehr, Kind und Weib:
lass fahren dahin,
sie haben´s kein´ Gewinn,
das Reich muss uns doch bleiben.
(Nach dem Evangelischen Gesangbuch)

Oft schon ist dieses Lied in wichtigen Momenten der Weltgeschichte erklungen. Die vertriebenen Hugenotten und die
von Haus und Hof gejagten Salzburger haben es gesungen.
Es ertönte 1631 und 1632 bei Breitenfeld und Lützen im Heere
des Schwedenkönigs Gustav Adolf und 1813 bei der Einsegnung der Lützower Freischar. Ebenso spielte es 1871 im Sieb-
zigerkrieg eine württembergische Regimentsmusik vor Paris.

Vielleicht darf man sich noch wundern über die merk-
würdigen Auswirkungen dieses Liedes. So ist geschichtlich
verbürgt, dass während des Dreißigjährigen Krieges eine
Abteilung der Kroaten, von einem bejahrten Organisten, der
noch Hausgenosse Luthers gewesen war, verlangten, eine
Probe seiner Kunst abzulegen. Er solle das von den Römischen so verhasste Lied „Ein feste Burg" singen. Dies tat er
und wurde am Altar erschlagen. So geschehen im Jahre 1627.

Ich schließe das Kapitel Luther ab mit einer netten Erinnerung. Vor vielen Jahren stand ich in Paraguay vor einem dort
überaus einflussreichen und gefürchteten katholischen Priester. Eine Unterredung wurde von ihm dann ziemlich kurz
und ärgerlich abgebrochen mit den Worten: „In dieses Gebiet
kommen keine Evangelischen rein, gehen Sie besser, denn
ich kann für meine Leute nicht garantieren. Mir scheint,
dass Sie der Luther Paraguays sind!" Das war ein Signal zum
sofortigen Verschwinden, denn bei „seinen" Leuten, sprich
Gemeindegliedern, handelte es sich um Typen, die mit dem
Messer schnell zur Hand sein konnten, wenn der Chef ein
Auge zudrückte. Trotzdem hat mich seine Äußerung recht
gefreut, denn eine höhere Auszeichnung konnte es für mich
nicht geben.

Die Hugenotten

Ende des 18. und zu Anfang des 19. Jahrhunderts gingen die Donner des göttlichen Gerichts über die europäische Christenheit, wie es in einem alten Geschichtsbuch zu lesen ist. Die Reformationsbewegung hatte große Teile von Europa erfasst. So auch in Frankreich. Luthers und Calvins Lehre hatte in allen Volksschichten großen Anhang gefunden. Anfangs nur als Spottname gedacht, wurden diese Protestanten ab 1560 mit Hugenotten bezeichnet. Nachdem bereits ein Sechstel der Bevölkerung für die Reformation gewonnen war, begannen harte Verfolgungszeiten, verbunden mit Kriegen und den üblichen Ausrottungsmethoden. Frankreich wurde ein großes Jagdrevier, man jagte die Ketzer wie das Wild auf dem Felde. So aus alten Berichten. Protestantische Geistliche, die sich nicht zum Katholizismus bekehrten, mussten bei Galeerenstrafe binnen 14 Tagen Frankreich verlassen. So wanderten Hunderttausende in die Nachbarländer Schweiz, Deutschland, England, Niederlande aus.

1715 erließ der damalige König Ludwig XIV., berühmt geworden durch sein Wort: „Der Staat bin ich", kurz vor seinem Tode ein Edikt, das die protestantische Religion in Frankreich für erloschen erklärte. Aber dies blieb ein eitler Wahn. Es blieben nicht wenige Prediger, die unter stetiger Lebensgefahr versuchten, die zersprengten und zerstreuten Gläubigen aufzufinden, zu erbauen und im Glauben zu stärken. Sie predigten den gewaltlosen Widerstand und ein treues Festhalten am Worte Gottes.

So versammelten sich ihre Leitenden am 21. August 1715, wenige Tage vor dem Tode Ludwigs XIV., in einem verlassenen Steinbruch bei Nîmes und organisierten den Aufbau und die weitere Verbreitung ihrer christlichen Gemeinden. Von den fünf Predigern, die jener ersten kleinen Synode bei

Nîmes beigewohnt hatten, wurden vier in den nächsten Jahren ergriffen und hingerichtet. Auf einen weiteren Teilnehmer wurde ein Kopfgeld ausgesetzt.

Nach diesem sehr verkürzten Blick auf die Entstehungsgeschichte der Hugenotten bleibt noch die Erwähnung eines Ereignisses, das zweifellos die Bezeichnung Massenmord verdient. Dabei geht es um die sogenannte Pariser Bluthochzeit in der Bartholomäusnacht 1572. Hier wurde eine zwischen dem spanischen und französischen Königshause angesagte Hochzeit als Gelegenheit benützt, um mit den Ketzern aufzuräumen. Der spanische Bräutigam Heinrich von Navarra war katholisch geworden, die französische Braut war als Schwester des katholischen Königs Karl bei dieser Glaubensrichtung geblieben. Dabei lagen die Gründe, wie gewöhnlich bei ähnlichen Auseinandersetzungen, nicht oder kaum im geistlichen Bereich, sondern letztendlich im Kampf um Macht und Vorherrschaft. Jedenfalls war mit einem großen Andrang von Besuchern und Hochzeitsgästen zu rechnen, was sowohl den Papst als auch die Feinde der Protestanten bewog, diese Gelegenheit zur Abrechnung in ihrem Sinne auszunützen. Die katholische Pariser Bevölkerung wurde fanatisiert und mit entsprechenden Anschuldigungen aufgehetzt. Und dann begann ein Kesseltreiben von unvorstellbarem Ausmaß. Zuerst wurde als geistiger Führer der Hugenotten Admiral Coligny, dann alle protestantischen Edelleute, derer man habhaft werden konnte, mindestens 2000, ermordet. Vier Tage, von Donnerstag bis Sonntag, dauerte der Wahnsinn. In einem Bericht hieß es: „überall sind die Straßen mit Leichen bedeckt, überall Lachen von Blut".

Nachher strömten der König und sein Hof, die Geistlichkeit und das Volk zur Kirche, um Gott zu danken für die Ausrottung der Ketzerei. Der Papst in Rom ließ das *Te Deum* anstimmen und eine Gedenkmünze prägen, auf deren einer Seite sein Bild mit der Umschrift *Gregor XIII. Pont. Max.* – auf der anderen Seite ein Bild jener Niedermetzelung mit der lateinischen Umschrift *Ugonottorum Strages 1572* (*strages* zu deutsch „Vernichtung, Gemetzel, Niederlage"). König Philipp II. pries den Tag als einen der glücklichsten seines Lebens.

Admiral Coligny

Darauf dehnte man die Jagd auf die ganze Provinz aus. Hier sollen es innerhalb von vier Wochen 30.000 gewesen sein, die niedergemetzelt wurden. Autorisiert dazu fühlten sich die Mörder durch einen Geheimbefehl des Königs Karl IX., der lautete, dass alle Ketzer und Feinde der Krone zu töten seien. Die Folgen dieser Hugenottenvernichtung sind bis in unsere Tage sichtbar in den französischen Nachnamen deutscher Staatsbürger, deren Vorfahren damals aus Frankreich geflohen und so dem Massaker entronnen sind.

Die Gegenreformation

Der Vollständigkeit halber sei kurz erwähnt, dass Rom der rasch um sich greifenden Reformationsbewegung in ganz Europa nicht tatenlos zusehen wollte. So setzte Papst Paul III. im Jahr 1540 zum Gegenstoß an. Es galt grundsätzlich, die Missstände innerhalb der Kirche anzugehen, um damit die angeschlagene Kirche wieder glaubwürdiger zu machen. Dazu brauchte es eine energische, straffe Organisation, die dann auch unter dem Namen *Societad Jesus* von Ignatius von Loyola gegründet wurde. Es war der Orden der Jesuiten. Er galt und war gedacht als elitäre, wissenschaftlich hoch gebildete Eingreiftruppe. Seine Mitglieder gelobten Armut, Ehelosigkeit und Unterordnung gegenüber der Obrigkeit. Dazu kam noch als viertes der unbedingte Gehorsam gegen den Papst. Nicht nach Art der übrigen Mönchsorden, die ihr Dasein im beschaulichen Klosterleben oder in stillen Werken der Liebe verbrachten. Nein, die Gesellschaft fühlte sich von Gott berufen, eine geistliche Kriegsschar zu sein, dazu bestimmt, den Glauben und die damit verbundenen Liebeswerke zu fördern und mit den Lastern, wie sie bei den Ketzern zu beanstanden seien, aufzuräumen. Ihre Aktivität erstreckte sich hauptsächlich auf die romanischen Länder wie Spanien und Italien, weitete sich aber aus auf Länder wie Österreich, das teilweise schon evangelisch geworden war (Kärnten,

64

Steiermark). Ebenso zeigten sich Früchte in Polen. Unter dem Vorsatz: „Der Zweck heiligt die Mittel" hielten sie jede Methode für gerechtfertigt, was dann oft schlimme Folgen hatte. Ein von Kaiser Karl V. gefordertes Kirchenkonzil mit der Absicht, die Evangelischen wieder zur Kirche zurückzuführen, fand in unterbrochenen Zeiträumen von 1545 – 1563 in Trient statt und nahm sehr bald eine römisch-päpstliche Richtung ein. Die Protestanten wurden verdammt, was am Schlusse des Konzils den Lothringer Kardinal zu dem Ausruf veranlasste: „Verflucht seien die Ketzer", wonach die ganze Kirche vom Geschrei der Teilnehmer widergehallt habe: „verflucht, verflucht". Verständlicherweise wurde dadurch eine Wiedervereinigung der getrennten Lager unmöglich gemacht.

Hinzu kommt, dass bereits einige Jahre zuvor vom Papst die Inquisitionsbulle (Autorisation zur Verfolgung der Ketzer) erlassen wurde, wofür ein spezielles Tribunal berufen wurde, das aus sechs Kardinälen bestand. Diese konnten, mit ungeheuren Vollmachten ausgerüstet, je nach Belieben und unbegrenzt jedermann ohne Rücksicht auf Alter und Geschlecht strengen Untersuchungen aussetzen, die Verdächtigen ins Gefängnis werfen und, wenn für schuldig befunden, mit Güterenteignung oder gar dem Tode bestrafen. Ohne die Erlaubnis dieses Gremiums sollte ein Buch weder gedruckt noch verkauft werden. Unter Paul VI. erschien ein Verzeichnis der verbotenen Schriftwerke, die aufgesucht und verbrannt werden mussten.

Gerade dieses Verbot war Mitursache der unmenschlichen Vertreibung und Ausweisung der Salzburger Bergbauern. Sie hatten nur das Buch der Bibel als das Wort Gottes gelesen und gepredigt und mussten deswegen ihre Heimat verlassen. Kurzfristig und mit Sack und Pack. Und ihre Kinder mussten sie ab einem bestimmten Alter zurücklassen. Welche Tragik! Eine wahre Geschichte aus Blut und Tränen. Und immer führt eine rote Spur nach einem Rom, das mit dem christlichen Grundprinzip der Liebe so wenig übereingestimmt hatte wie der Himmel mit der Hölle.

Trotzdem darf auch die Segensspur, die sowohl von als auch nach Rom führte, im Zusammenhang mit den Jesuiten nicht unerwähnt bleiben. Sie fühlten sich natürlich auch als Missionare des christlichen Glaubens und als gehorsame Jünger Jesu, die seinem Befehl „gehet hin in alle Welt" Folge leisten wollten. So beschränkten sie ihre Tätigkeit nicht nur auf Europa, sondern wirkten ebenso in Asien und Südamerika.

Ich selbst bin ihnen bzw. einem ihrer Werke während meines Pfarramtes in Paraguay (1963 – 1978) begegnet und wurde davon so beeindruckt, dass ich dieses Musterbeispiel christlicher Nächstenliebe und sozialer Verantwortung dem Leser nicht vorenthalten möchte.

Zuvor ein paar Anmerkungen zum geschichtlichen Hintergrund. Das südamerikanische Land Paraguay (406.000 qkm) mit der Hauptstadt Asunción wurde zu Beginn des 16. Jahrhunderts von der damaligen Welt- und Seemacht Spanien entdeckt und erschlossen. Seine Ureinwohner nannten sich *Guaranís* und lebten in den Urwäldern als Jäger und Fischer. Die heute noch gebräuchliche Landessprache trägt denselben Namen, ebenso die gültige Landeswährung.

Gleich mit den spanischen Soldaten kamen auch die begleitenden katholischen Priester an Land. Die Indianer hielten die Spanier für weiße Halbgötter, denen sie begeistert ihre überzähligen Töchter und Schwestern zum Geschenk machten. Um den Überblick nicht zu verlieren, wurde schließlich eine Höchstzahl von Frauen pro Soldat festgesetzt, es waren 30 (dreißig!). Aber der damit verbundene Kinderreichtum schaffte die Voraussetzung, dass sich Paraguay innerhalb weniger Jahrzehnte zu einem Staat entwickelte, der es fertigbrachte, in einem mörderischen Krieg (1865–1870) gegen eine vielfache Übermacht der angrenzenden Länder Brasilien, Argentinien und Uruguay mit wahrem Heldenmut zu kämpfen, auch Frauen und Kinder waren beteiligt, und so, dass nach der letzten Schlacht in Curubaití nur noch 600 Männer, 20.000 Kinder und Greise und 200.000 Frauen überlebten. Der Todesmut eines ganzen Volkes wurde bekannt in aller Welt, und auch die Tragik, die aus dem einst blühendsten Wirtschaftsland Südamerikas eine Nation machte, die sich von diesen Verlusten an Menschen und Wirtschaftskraft nie mehr erholen konnte. Wenn man bedenkt, dass hier eine eisenschaffende Industrie aus dem Boden gestampft wurde, hier Südamerikas erste Eisenbahnen fuhren, von hier der erste stahlverkleidete Überseedampfer eines Binnenlandes kam, noch zwanzig Jahre vor Abraham Lincoln (1845) die Sklaverei durch Gesetz abschafft wurde, dann kann man den Stolz verstehen, der bis zum heutigen Tage aus den Augen der Paraguayer aufleuchtet, wenn sie an den nationalen Feiertagen die Flagge hissen und ihre Hymne singen.

Doch zurück zur Geschichte der Jesuiten. Wie schon erwähnt, begann mit der spanischen Invasion auch die Missionierung der Indianer. Dies geschah aber im konventionellen Sinne durch normale spanische Weltgeistliche sowie auch Franziskanermönche. Das größte Hindernis dabei war die Sprache, da die Guaraní-Indianer weder Buchstaben noch sonstige Lesezeichen kannten. Dies sollte sich aber ändern, denn 1588 landeten in Asunción drei Jesuitenpatres, ein Spanier, ein Portugiese und ein Ire. Nachdem sie sich genügend informiert und eingelebt hatten, begann der Orden wenige Jahre später seine systematische Missionsarbeit im Lande.

Ein legales Patent (Berechtigung) zur Bekehrung der Indianer wurde ihnen für das heutige paraguayisch-brasilianische Grenzgebiet durch König Philipp III. ausgestellt. Nur war ein Anfang dadurch erschwert, dass die bisherigen Missionsmethoden der Weltpriester keine Basis geschaffen hatten. Die Eingeborenen waren misstrauisch und ablehnend geworden.

Dazu kam die Unsicherheit im Lande. Immer häufiger unternahmen aus dem benachbarten Brasilien schwerbewaffnete Banden ihre Raubzüge in dieses Gebiet, um Sklaven zu fangen. So war es in einem solchen Milieu außerordentlich schwierig und nicht ungefährlich zu missionieren. Allein 35 Jesuiten starben in dieser aufgewühlten Zeit den Märtyrertod durch die Hand aufgebrachter Guaranís.

Aber trotz aller Rückschläge errang der Orden ungeahnte Erfolge. Langsam schwand das Misstrauen der Indianer und den Jesuiten gelang es, sie durch Geschenke, durch Unterricht in der Bewirtschaftung des Landes und in handwerklichen Fertigkeiten und vor allem mit Musik zu gewinnen. Gerade letztere spielte dabei eine herausragende Rolle. Gruppen zu je drei Patres fuhren in Booten die Flüsse entlang, wobei zwei ruderten und der dritte ein Musikinstrument spielte und dadurch die Eingeborenen in Scharen aus dem Urwald herauslockte. Diese erkannten die guten Absichten und fassten Vertrauen. Dazu berichtet ein Pater Charlevoix im Jahre 1756 von einer fast an Zauberei grenzenden Schnelligkeit und Leichtigkeit, mit der die Indianer jedes Instrument lernten.

Jedenfalls begriffen die Eingeborenen, dass diese weißen Männer sie nicht verschleppen und auf irgendeine Art ausbeuten wollten. Sie sprachen zu ihnen nicht in einer fremden Sprache, sondern bemühten sich, ihre Sprache zu sprechen.

Auch wollten sie mit ihren Schützlingen im Urwald leben, trotz aller Gefahren bei ihnen bleiben und sie nicht wieder verlassen.

Jesuitenreduktion

Das alles führte dazu, dass die Jesuiten innerhalb weniger Jahrzehnte aus dem Nichts 36 landwirtschaftliche Großsiedlungen mit je 10.000 Bewohnern in den Urwäldern schufen, in ihnen ein geordnetes, gut durchdachtes Gemeinwesen aufbauten und so aus den bisher unsteten und gejagten Nomaden eine sesshafte, mit Heimatgefühl verwurzelte Bevölkerung zu schaffen verstanden. Die Wirtschaftsführung dieser Urwalddörfer (man nannte sie Reduktionen) mag an die sowjetischen Kolchosen erinnern, wo es keinen Privatbesitz gab, sie waren aber von anderer Art. Wohl wurde die Arbeitszeit zur Bewirtschaftung des Gemeineigentums verwendet, aber nebenher durfte jeder einzelne sein ihm persönlich zugeteiltes Land bestellen. Es gab Anweisungen in Ackerbau, ebenso wurden neue Getreidearten gezüchtet, die dem heißen Klima angepasst waren und sogar nach Buenos Aires ausgeführt wurden.

In großen Wohnkomplexen hatte jede Familie einen eigenen, gleich großen Raum, nur ausgestattet mit Hängematte, einem Stuhl für jeden, Tisch, Herd und einigen Töpfen. Geld gab es überhaupt nicht, Männer, Frauen und Kinder besaßen alle ein Arbeitskleid für werktags und ein Festkleid für sonntags. Die Patres unterwiesen die Indianer im Bau von Wohnhäusern und Kirchen, außerdem von Lagerhäusern für Vorräte, von Hospitälern, Waisenhäusern und Altersheimen, das alles in einfachen Bauweisen. Nur die Gotteshäuser erhielten ein besonderes Gepräge, das allmählich mit den Kirchen in Spanien konkurrieren konnte. Die über den Portalen eingemeißelten steinernen Reliefs zeigen ein hohes künstlerisches Niveau, was besagt, dass die Jesuiten nicht nur hervorragende Lehrmeister, sondern auch die Eingeborenen gelehrige Schüler waren.

Zum Schutz gegen die Sklavenjäger wurden die Siedlungen befestigt und die Bewohner ab 1640 sogar im Gebrauch von Feuerwaffen unterrichtet. Die Siedlungen hatten zum Schutz Wallgräben, hohe Mauern und einen hohen Wachturm, der Tag und Nacht besetzt war. Bei Gefahr wurden mit Rauch- und Feuersignalen jeweils die benachbarten Siedlungen in Alarmzustand versetzt und gewarnt. Nach den Richtlinien der Jesuiten wurden die Indianer in ihrer Denkweise kontrolliert und überwacht. Ihnen erteilte Befehle mussten bedingungslos befolgt werden. Bei Zuwiderhandlungen, zum Beispiel einem Ehebruch, gab es je nach Fall eine festgelegte Zahl von Stockschlägen.

Jedenfalls kann gesagt werden, dass über anderthalb Jahrhunderte hindurch in diesem Jesuitenstaat Hunderttausende zufrieden und glücklich lebten. Selbst Voltaire, der entschiedenste Religionsgegner jener Zeit, nannte diese jesuitische Großtat „einen Triumph der Menschlichkeit".

Doch auch hier gab es Neider, ja, missgünstige Feinde. Die emporblühenden Dörfer entpuppten sich durch ihre gestraffte Arbeitsweise, verbunden mit einem uneigennützigen Genossenschaftswesen, zu einer gefährlichen, unschlagbaren Konkurrenz für die lokale spanische Geschäftswelt und ihre Verwaltungsstellen. So begannen die Franziskaner in Paraguay, sie waren ja als Missionare Rivalen der Jesuiten, die unerwünschten Jünger des heiligen Ignatius zu diffamieren ja, zu bekämpfen und ihre Ausweisung voranzutreiben. Es begann ein jahrelanges politisches Tauziehen zwischen den Rivalen, bis 1767 der König von Spanien Karl III. ein Dekret unterzeichnete, wonach rund 500 Jesuiten in ihren Siedlungen ohne vorherige Nachricht am gleichen Tag zur selben Stunde verhaftet und in Ketten nach Europa gebracht wurden. Da man mit der Gefahr eines Indianeraufstandes gerechnet hatte, musste alles so schnell und geheim vor sich gehen, dass den „Sträflingen" keine Zeit mehr blieb, um ihre Indianer-Schützlinge zu informieren und sich von ihnen zu verabschieden.

Hier hatten brutale Gewalt, listige Niedertracht und unbarmherzige Rücksichtslosigkeit einen Sieg davongetragen, der als Schandmal nicht nur für Rom, sondern für alles, was sich christlich nennt, gelten mag. Was so vielversprechend und verheißungsvoll begann, brach zusammen. Die orientierungslos gewordenen *Guaranís* und ihre Führer zogen sich zurück in die dunklem unwegsamen Wälder, um dort ihr früheres Nomadenwanderleben wieder aufzunehmen, was aber nicht mehr gelang. Sie waren, von der Zivilisation infiziert, andere geworden und schafften diesen Spagat in die Vergangenheit nicht mehr. So verhüllten schon sehr bald die wuchernden Tropenwälder gnädig und wie schamvoll diese Stätten gelebter Nächstenliebe und aufstrebenden Pioniergeistes mit ihrem grünen Mantel. Und das so gründlich, dass schon nach wenigen Jahren die Ruinenreste kaum noch auffindbar waren.

Diese blieben zurück als stumme Zeugen menschlichen Ungeistes, der es schaffte, ein verheißungsvolles und mit Vernunft und Erfolg begonnenes Werk so zu zerstören, dass selbst der heiße Nordwind zu stöhnen beginnt, wenn er durch seine kahlen und brüchigen Mauern fegt.

Solche und ähnliche Gedanken und Empfindungen gingen mir durch den Kopf, als ich in den Jahren 1960/61 zum ersten Mal durch die von mannshohem Gras und Unkraut überwucherten Ruinen stapfte. *Sic transit gloria mundi* – Ja, so vergeht der Ruhm der Welt. Die damaligen Eindrücke blieben so in mir haften, dass ich sie unbedingt erhalten und an meine Leser weitergeben wollte. Meine ich doch, dass sie ein Stück Welt- und Kulturgeschichte bedeuten, das man nicht der Vergessenheit überlassen sollte. Sie sind ein Hohes Lied auf den Orden der Jesuiten und mögen manches entschuldigen, was ihnen im Zusammenhang mit der Gegenreformation anzulasten ist. Hinsichtlich ihrer brutalen Ausweisung wird angenommen, dass der Papst wohl darüber informiert war, aber kein Machtwort dagegen sprach.

Damit sei das Kapitel Gegenreformation abgeschlossen. Ich gab diesen Einblick, weil ihre Geschichte wohl menschlich verständlich ist, aber den Grundsätzen einer christlichen Ethik so zuwiderläuft, dass sie mich zeitlebens beschäftigte und beschämte. Haben wir als Nachfolger Christi doch das gleiche Kreuzeszeichen auf unserem Banner.

IV. Das Geplänkel

Geplänkel ist ein Wort, das schon viele nicht mehr verstehen und das in Wörterbüchern kaum noch zu finden ist. Es bringt das zum Ausdruck, was bei Auseinandersetzungen jeglicher Art als gegenseitiges Beschnuppern, abtastendes Prüfen und vorsichtiges Kräftemessen vorausgeht. Nach militärischem Verständnis wären es die ersten vereinzelten Schüsse, die der Orientierung halber gewechselt werden, denn noch fließt kein Tropfen Blut. Noch gilt es, wachen Auges und Sinnes abzuwägen, ob sich ein Kampf überhaupt lohnt. Dazu gehört auch zu überlegen, inwieweit die Folgen eines verlorenen Kriegs dem Angreifer selbst zum Schaden werden, die Taktiken des Gegners zu erforschen und zu ergründen. Wo liegen seine Stärken und Schwächen? Auch, welches seine Waffen sind und wie und wo er sie zum Einsatz bringt. Natürlich spielt auch das Gefechtsfeld eine wichtige Rolle. Wer am falschen Platz steht, verliert.

Beginnen wir bei meiner frühesten Kindheit. Als kinderreiche Familie waren meine Eltern in der Lage, ein Dienstmädchen zu beschäftigen. So wurden damals die Hausgehilfinnen genannt. Unsere Resi kam aus Bayern und war natürlich katholisch. Mir fiel als Bub sofort auf, dass sie irgendwie anders war. Beim Tischgebet meiner Mutter schlug sie das Kreuz, sehr oft fiel bei ihr der Ausdruck „Jesus Maria", und am Sonntag ging sie in eine andere Kirche als wir. Ganz massiv aber spürte ich einen Unterschied, als sie mich in den Ferien einmal mit nach Hause nahm, wo die Eltern in einem kleinen Dorf eine Bauernwirtschaft betrieben. In der Wohnstube hing im Eck ein Kreuz, und vor jedem Essen wurde ein langes Gebet gesprochen, das mit den Worten endete: „Heilige Maria, Mutter Gottes, bitt für uns jetzt und in der Stunde unseres Todes!" Und wieder bekreuzigten sich alle. Ich war sehr beeindruckt von so einer tiefen Frömmigkeit. Aber noch höher schlug das Herz des 7-Jährigen, als mich die Resi am Sonntag mitnahm in ihre Kirche. Da war im Gegensatz zu unserem nüchternen, kalten evangelischen Gotteshaus alles so reich geschmückt mit goldenen Holzfiguren, bunten Fahnen und rotsamtenen Wänden, dass dem kleinen Fritz vor Staunen die Zeit auf der Kirchenbank – ganz ungewohnt – wie im Fluge zu vergehen schien. Er war so beeindruckt von dieser Fülle an Pracht, dass er bei seiner Rückkehr den Eltern allen Ernstes erklärte, er wolle auch katholisch werden.

Dann kam die Schulzeit, und auch hier zeigte sich anfänglich noch eine strikte Trennung der Konfessionen, sowohl beim Religionsunterricht als auch bei den Personalangaben und Zeugnissen. Aus gewissen protestantischen Kreisen war gelegentlich zu vernehmen, dass die Katholischen „falsch", im Sinne von unaufrichtig oder hinterlistig, seien. Aber der einfache Grund läge in ihrem Glaubensverständnis. Man könne die Woche über lügen und betrügen, laufe am Sonntag in die Messe, hole sich die Absolution, und alles sei wieder im Lot.

Dann kam das Dritte Reich (1933) und versuchte mit List und Gewalt die christliche Religion als Ganzes auszurotten. Es war nicht mehr zeitgemäß, sich bewusst und öffentlich zu einer Kirche zu bekennen. Aber ich kann mich erinnern, wie noch 1939 an gewissen Gedenktagen die Kompanien der naheliegenden Grenadierkaserne bei der evangelischen als auch bei der katholischen Garnisonskirche zum Gottesdienst vormarschierten, was aber sicherlich mit der Einstellung der jeweiligen Kommandeure zusammenhing.

Nur hinter vorgehaltener Hand war zu erfahren, dass einige unerschrockene Bischöfe und Kirchenmänner beider Konfessionen den Mut fanden, lautstark gegen das Unrecht des Regimes anzugehen. Aber mit Beginn des Kriegs traten auch diese Fragen von Recht oder Unrecht in den Hintergrund. An den Fronten starben die Männer, Söhne und Brüder, wie es hieß „für Führer, Volk und Vaterland", und die jeweiligen Trauergottesdienste in den Kirchen wurden wohl von den Parteileitungen nicht gerne gesehen, konnten aber nicht verhindert werden. Man konnte und wollte sich bei der angespannten Kriegslage solche und andere Auseinandersetzungen nicht mehr leisten.

Als beteiligter Soldat während des Kriegs spielten die unterschiedlichen Konfessionen sowieso keine Rolle mehr. Der Kamerad an der Seite war entweder zuverlässig oder unzuverlässig, glaubwürdig oder unglaubwürdig. Davon hingen oft Leben oder Tod ab.

Mit Rom selbst kam ich in dieser Zeit am Rande in Berührung, während unseres Einsatzes in Italien. Und das in Form der wunderschönen Kirchen, der zahlreichen Gläubigen und der vielen Kreuze am Wegesrand. Aber nie werde ich seinen beglaubigten Vertreter in Form eines Priesters in den Straßen von Pisa vergessen, der Stadt mit dem weltberühmten Schiefen Turm, der bei einem Fliegeralarm wie ein Wahnsinniger durch die Straßen von Pisa rannte. Noch waren nur die Sirenen zu hören und wir suchten den Himmel ab nach den anfliegenden Geschwadern. Da rauschte eine schwarze Gestalt mit wehender Soutane an uns vorbei. Auf dem Kopf flatterte ein breitrandiger Schlapphut, den dieser von der Angst gejagte Mensch krampfhaft festzuhalten versuchte. Die Szene war für uns Soldaten derart komisch, dass wir lauthals lachten. Ein Priester im Hasenpanier, das sieht man nicht jeden Tag. Großartig. Nur, so ging es mir durch den Kopf, wo blieb denn da der Glaube und das Vertrauen in Gottes Wille und Führung? Aber dann fielen schon die Bomben.

Die Nachkriegszeit war geprägt von Hunger und dem Kampf ums Überleben. Als Kriegsheimkehrer fand ich unsere Stadt und auch das Elternhaus zerstört, sodass der Rest der Familie als sogenannte „Evakuierte" in einem Dorf Unterschlupf gefunden hatte. Und diese Landgemeinden waren auch die Auffangbecken für viele Flüchtlinge aus Ostgebieten, die zum Teil katholisch geprägt waren. So ergab sich ein ökumenisches Miteinander, das anfänglich sehr gespalten war. Die Gründe lagen nicht nur im Unterschied der Dialekte, sondern auch im sozialen Status. Hier die alteingesessenen Landwirte mit den immerhin noch schwäbischen Bevölkerungsteilen, und dort die Vertriebenen, die in der Regel innerhalb weniger Stunden Haus, Hof und Heimat hatten verlassen müssen. Sie hatten oft nicht mehr als das Hemd auf dem Leibe. So blieb in den Anfangszeiten ein sichtlicher Abstand zwischen den verschiedenen Bevölkerungsgruppen, der aber mit den Jahren immer unbedeutender wurde. Die jüngere Generation rückte nach, sie tanzte am Sonntag im „Lamm" oder „Rössle", der evangelische Bauernsohn verliebte sich in ein katholisches „Flüchtlingsmädchen" und irgendwann gab es dann auch die erste „Mischehe", das heißt, das junge Paar wurde entweder in der evangelischen oder auch katholischen Kirche getraut (diese war inzwischen mit großer Anstrengung und Liebe von den Flüchtlingen erbaut worden).

Ich fasse zusammen: In Zeiten der Not verändern sich die Menschen. Und das nicht nur zum Schlechten. Wenn ich mir im Dorf die Haare schneiden lassen musste, ging ich zum Friseur. Er war ein Flüchtling aus dem Sudetenland, streng katholisch. Mit seiner Frau bewohnte er in einem kleinen Häuschen ein Zimmer, wo der dreckige Verputz von den Wänden fiel. Eine Ecke war mit einem Draht verspannt, an dem eine braune Pferdedecke hing, die als Abteilung diente. Immer wieder wurde dem Kunden berichtet, dass er das große Glück habe, mit einer elektrischen Haarschneidemaschine bedient zu werden, und dass er dieselbe noch aus der Heimat gerettet habe. Dass sie nicht mehr die jüngste war, konnte der Patient aber meist selbst feststellen, wenn sie bisweilen „zwickte".

Evangelisch – katholisch. Das damalige Dorfgeschehen gab mir aber keinerlei Anlass zur Klage und somit zur Attacke gegen Rom. Gelegentliche Unterschiede wurden als gegeben hingenommen, und im Übrigen trat Religionszugehörigkeit bei der Sorge um das tägliche Brot immer mehr in den Hintergrund.

Erst wenige Jahre später (1951) änderte sich meine Einstellung. Denn nach meiner Auswanderung fand ich mich erstaunt und überrascht einem Feindbild gegenüber, das in mir den Kampfgeist wachrief. Meine neue Heimat hieß Argentinien und war, so wie der übrige südamerikanische Kontinent, vom Katholizismus in Reinkultur beherrscht und geprägt.

Es waren die spanischen und portugiesischen Invasoren, die neben ihrer Gier nach Macht und Gold auch das Christentum in die damaligen Länder brachten. Was sie aber darunter verstanden und vor allem, welche Methoden dabei auch zum Zuge kamen, das war teilweise so vielschichtig wie ihre Gier nach Macht und Abenteuer.

Ich aber befand mich in den ersten Jahren fern der Heimat nicht nur in einem gnadenlosen Existenzkampf, sondern auch im Umfeld eines Katholizismus, der, wie ich meine, unserer christlichen Glaubenslehre ziemlich schroff, ja brutal entgegenstand. Der Aberglaube war selbstverständlich. Bei der gebildeteren Bevölkerung hielt er sich noch im Rahmen.

Aber die Gauchos, Kreolen und ungebildeten Landarbeiter waren häufig ohne Schule aufgewachsen und sahen bei der Dunkelheit in jedem erkennbaren Licht den *Luisón*, also einen Geist aus der Unterwelt, oder hörten beim heulenden Ruf der Nachtschwalbe aus dem Wald die Klage einer Braut um ihren toten Geliebten. Eine entsprechende Aufklärung durch die Kirche gab es kaum oder gar nicht. Denn in den endlosen Weiten des Landes waren die Priester sehr dünn gesät. Wenn dann alle Vierteljahr in einem Geräteschuppen ein Gottesdienst angesagt wurde, sammelte sich das Volk und brachte vor allem die Säuglinge zur Taufe. Auch diese Prozedur grenzte insofern an Aberglauben und weniger an einen Glaubensakt, als die Taufgesellschaft in der Regel keinerlei Ahnung vom Sinn der Handlung hatte. Beispiel: Ich frage während der Weihnachtszeit eine Gruppe von Landarbeitern nach dem Sinn dieses hohen Festes. Nur einer unter ihnen scheint es zu wissen, er antwortet geradezu stolz: „Da sind Adam und Eva geboren."

Ein recht harmloses Nichtwissen, das keinem schadete. Weit bedenklicher fand ich den Bericht über eine Beerdigung. Hier war es Sitte und Brauch, dass der Sarg mit dem Verstorbenen vor der Bestattung in die Stadtkirche gebracht und eingesegnet wurde. Da es sich aber bei dem Toten um einen armen Teufel handelte, der nie etwas für die Kirche gespendet hatte, durfte der Sarg zur Einsegnung nicht in die Kirche gebracht, sondern musste vor dem Portal abgestellt werden, wo dann der Priester noch einige allgemeine Worte sprach. Tief betrübt und verletzt berichtete mir der Bruder des Toten das Geschehen. Dagegen sah ich im Fernsehen, wie bei der Beerdigung einer europäischen Fürstin äußerst feierlich der Sarg von zwölf Priestern zu Grabe getragen wurde, und Gott mag mir die Gedanken verzeihen, die mir dabei durch den Kopf gingen. Er mag ebenso diesem Priester gnädig sein, der eine evangelische Bestattung dadurch stören wollte, dass er während derselben am Friedhofseingang stand und einen Heidenkrach vollführte, indem er mit einem Militärkarabiner dauernd in die Luft ballerte.

Einen besonders krassen Fall stellte zweifellos der Priester einer wolgadeutschen Einwanderergruppe dar, die Anfang des 20. Jahrhunderts ins Land kam. Als guter Organisator und hartnäckiger Verhandlungspartner mit den Behörden konnte er in den schweren Anfangszeiten für seine Gemeindeglieder viel erreichen, sodass man im katholischen Bereich noch nach Jahren geradezu ehrfurchtsvoll von ihm sprach. Doch jetzt kommt der Haken in der Geschichte. Auffallend für mich war nur, dass bei seiner Namensnennung so mancher Gesprächspartner anfing maliziös zu grinsen oder mit einer verächtlichen Handbewegung seiner diesbezüglichen Meinung Ausdruck gab. Dies besonders von Personen, die mit Kirche und Religion nichts am Hut hatten. Dieser Fall war nämlich Wasser auf ihre Mühlen. Denn so wie besagter Priester seine primitiv-naiven Gläubigen fest im Griff hatte, nützte er seine Vormachtstellung so weit und verbrecherisch aus, dass er nach einer Trauung für sich das Recht beanspruchte, in der Hochzeitsnacht als erster mit der Braut ins Bett zu gehen. Sicher wurde den Betroffenen damit ein besonderer Segen für die Ehe vorgemacht. Im Städtchen sprach man von einer *Primiz* und auch davon, dass er der Vater von einer Anzahl von Kindern sei.

Schließlich konnte der geschockte Zuhörer dann noch erfahren, dass die Sache kein gutes Ende nahm. Der Priester ging gerne auf die Jagd nach Rebhühnern, die in der Gegend sehr zahlreich vorkamen. Da sei es passiert, dass sich unglücklicherweise ein Schuss aus seiner Flinte gelöst habe, als er unter einem Weidezaun durchkriechen wollte. So lautete nachher die amtliche Mitteilung. Aber im Volk kursierte eine andere Version. Hinter vorgehaltener Hand war zu hören, dass er erschossen wurde. Vielleicht von einem, der sich rächen wollte. Gott mag es wissen. Die Ortsbehörde aber gab in späteren Jahren dem Stadtfriedhof seinen Namen, der mit großen Lettern am Eingang angebracht ist. Und seine auffallend umfangreiche Grabstätte beeindruckt durch eine weithin sichtbare Christusgestalt, die segnend ihre Arme ausbreitet.

Vor dem Kampf – und meine Ausrüstung

Hier galt es in erster Linie, sich entsprechend zu orientieren. Wer in einen Krieg zieht, sollte sich die Erfahrungen von Fachleuten und Experten zunutze machen und ebenso die Regeln kennen, die bei einem Treffen mit dem Feinde anzuwenden sind. Im militärischen Fachbereich galten und gelten auf internationaler Ebene bis heute die „Kriegslehren" des preußischen Generals Carl v. Clausewitz (1780 – 1831), die er in seinem Hauptwerk „Vom Kriege" den Militärakademien aller Länder hinterlassen hat. In der Weimarer Republik und danach war es der „Reißer", nach dessen Anweisungen und Richtlinien die Generationen der deutschen Soldaten geprägt worden sind. Mich persönlich hat diese Materie schon immer beschäftigt, weil mir im Miteinander und Gegeneinander der menschlichen Gesellschaft dieselben Bräuche und Gesetze aufgefallen sind.

Ritter, Tod und Teufel (Albrecht Dürer)

Natürlich sollten für meinen Kampf andere Regeln gelten.
So holte ich mir die Angriffstaktiken nicht von Clausewitz,
sondern von der allerhöchsten militärischen Instanz, nämlich
vom Gott, dem Herrscher aller Heerscharen (Psalm 103,21),
also aus der Bibel. Damit ausgerüstet wählte ich als geeig-

nete Waffe das im Epheserbrief genannte Schwert des Geistes. Eine gefährliche zweischneidige Waffe. Und gemeint ist damit das Wort Gottes, das in seiner Klarheit und Eindeutigkeit alle menschlichen Meinungen und Vorbehalte in ein Nichts verwandelt. Nur, wie sollte ich diese Waffe einsetzen? Es durfte damit natürlich kein Blut fließen, auch sollte durch die Schwertstreiche niemand in seinem Glauben verletzt oder beleidigt werden. Nein, ich machte ich es mir zur Aufgabe, diese so ineinander verflochtenen Bande von Hass und Rechthaberei zu durchhauen, wie sie über Jahrhunderte hinweg durch Rom praktiziert worden sind. Natürlich sind Auswüchse bei Glaubenskämpfen auch in anderen religiösen Gruppierungen zu finden, aber doch nicht in diesem Ausmaße. Jedenfalls gilt mein hier beschriebener Angriff allein Rom. Dies, weil es zu einer strategischen Grundregel gehört, sich bei einem Angriff nicht zu verzetteln. Aber auch, weil ich nur das berichten kann, was mir ganz persönlich auf meinem Gefechtsfeld begegnet ist. Dazu noch einiges über meine Ausrüstung.

Der Harnisch oder auch Panzer der Gerechtigkeit,

wie Paulus ihn nennt, war der Körperschutz, der seinen Träger im Kampfe vor Geschossen, Schwerthieben oder auch Lanzenstichen schützen sollte. Anfänglich aus Leder, entwickelte er sich zur metallischen Rüstung, wie sie später von den Rittern als Schutzpanzer getragen wurde.

„Ergreifet den Harnisch Gottes", so Paulus, zieht ihn an, „damit ihr den listigen Anläufen des Teufels widerstehen könnt". Das verstehe ich so: Wer sich als Christ den alt bösen Feind und damit auch seine Praktiken zum Feinde macht und wer dagegen ankämpft, der braucht den Schutz des Himmels. Allein schafft er das nicht. Der Harnisch ist der Glaube an den auferstandenen Jesus Christus. Er allein trägt durch die Nöte, Versuchungen und Glaubensanfechtungen, mit denen der listige Feind uns hintergehen und zu Fall bringen möchte. Und noch ein Gedanke: Diese wohl unbequeme und starre Eigenschaft eines Panzers nötigt seinen Träger zum aufrechten Gang und zu einer aufrichtigen Haltung. Er kann damit nicht katzbuckeln, das heißt sich unterwürfig oder nachgiebig bücken angesichts von Machenschaften, die seinem Gerechtigkeitssinn entgegenstehen. Der Panzer schützt ihn auch vor Selbstmitleid oder einem nachtragenden Wesen, wenn dem Träger Unrecht geschehen ist. Dagegen umhüllt er ihn mit dieser großartigen Ruhe, die den Kindern Gottes zugesagt ist, weil sie wissen, „Gott sitzt im Regimente und führet alles wohl".

Der Gürtel

„So stehet nun, umgürtet an euern Lenden mit Wahrheit" – ich verstehe das so: Ein Gurt hält den Leib zusammen und gibt ihm Halt. Als Soldaten hatten wir einen breiten Lederriemen, die Koppel, auf deren Schloss der fromme Wunsch stand: „Gott mit uns". Solange während des Krieges gesiegt wurde, mochte man das glauben. Kam dann die Niederlage, waren die Zweifel angebracht. In beiden Fällen aber waren es menschliche Wahrheiten, die, je nach Bedarf und Lage, ausgelegt werden konnten. Darum hatten sie keinen Bestand. Diese bedeutende Frage nach dem, was Wahrheit ist, einst schon von Pilatus an Jesus gerichtet, konnte nur von Jesus selbst beantwortet werden, weil sein Wort und sein Leben von dieser Wahrheit durchdrungen waren. Deswegen gilt im Kampf gegen Unrecht und Unglauben immer die Grundregel: Man muss mit offenen Karten spielen und bei der Wahrheit bleiben. Dazu gehört nicht nur die ehrliche Selbsteinschätzung, sondern ebenso die neidlose Anerkennung des Gegners da, wo er uns überlegen ist. Er muss und soll unsere Wahrhaftigkeit erfahren, dann verlieren wir beim Kampf nicht die Hose, indem wir uns blamieren.

Der Helm

Im Angesicht eines an Mitteln, Zahl und Ausrüstung überlegenen Gegners ist natürlich mit starkem Widerstand zu rechnen. Harte Bandagen sind gefragt. Er wird versuchen, mich am Kopf, also am Sitz meiner Kommandozentrale zu treffen. Nachdem bei Beginn des 1. Weltkriegs (1914–1918) die Soldaten noch mit Lederhelmen in den Kampf zogen, kam zum besseren Kopfschutz schon bald der Helm aus Stahl in den Gebrauch. Als Soldat im 2. Weltkrieg (1939–1945) befolgte man in besonderen Gefahrenmomenten sehr schnell den befehlenden Ruf des Vorgesetzten: „Helm auf!" Was aber soll ein Helm des Heils?

Ich denke, wenn Jesus den Glauben für das menschliche Seelenheil voraussetzt, dann soll der Christ wissen, dass dabei kein fröhlicher Spaziergang vor ihm liegt. Er soll sich darauf gefasst machen, dass hinter jeder Ecke Gefahren auf in lauern in Form von Versuchungen, Zweifeln, Ängsten und Anfechtungen. Dies in der Absicht, ihn da zu treffen, wo er am anfälligsten ist, also am Kopf. Denn hier ist der Sitz seines Verstandes, seiner Logik und auch seines Selbstvertrauens. Deswegen braucht der Kopf einen besonderen Schutz. Einen Helm, es ist der Helm des Heils, wie Paulus ihn nennt. Damit soll gesagt werden, dass ein Glaubensleben ohne die gnädige Hilfe und die bewahrende Hand des Heilandes nicht gelingt. Er sagte selbst (Johannes 15,5): „Ohne mich könnt ihr nichts tun". Und so ist es. Das Heil ist Gnade, die uns bewahrt vor Stolz und Hochmut. Das Heil schützt ihn vor falschen Heilanden und lässt ihn wie Petrus vor dem Hohen Rat mutig bekennen (Apostelgeschichte 4,12):

„Es ist in keinem andern Heil, ist auch kein anderer Name unter dem Himmel den Menschen gegeben, darin wir sollen selig werden".

Der Helm des Heils gibt Heilsgewissheit, ohne welche eine Nachfolge sehr wacklig und freudlos wäre.

Der Schild

Er schützte einst vor Pfeilen und Lanzenstichen. Wenn der Apostel die Christen auffordert, einen Schild zu ergreifen, dann weiß er sehr wohl um die Bedeutung desselben. Ebenso ist ihm bekannt, dass und wie dieser Schutzschild auch von den Propheten des alten Bundes erkannt und angeraten wurde. „Er ist ein Schild allen, die ihm vertrauen" (Psalm 18,31) oder „der Herr ist meine Stärke und mein Schild" (Psalm 28,7). Mit dem Ausdruck „Schild des Glaubens" will der Apostel sagen, dass der Glaube des Streiters ohne diesen göttlichen Schutz keine Überlebenschance hat. „Denn wir haben nicht mit Fleisch und Blut zu kämpfen, sondern mit Fürsten und Gewaltigen, nämlich mit den Herren der Welt". Es sind keine menschlichen Wesen, denen man mit den üblichen Kriegswaffen entgegentreten könnte. Nein, es sind unbegreifliche (d. h. nicht greifbare) Geistesmächte, die gegen Gott und seine Heils- und Schöpfungsordnungen anrennen. Sie wollen mit Gewalt zerstören und am Ende als Sieger das Feld behalten.

Der Schild des Glaubens, so weit so gut. Nur, wie soll diese symbolträchtige Waffe im Alltag des gläubigen Christen zur Anwendung kommen? Soll sich der Angegriffene vor den „feurigen Pfeilen" (Versuchungen und Anfechtungen) des Bösewichts ängstlich hinter dem Schild verstecken nach dem

Motto: „Tu mir nichts, ich tu dir auch nichts" oder soll er diesen göttlichen Schutz zum Inhalt seiner missionarischen Predigten machen? Und zum Beweis dafür, wie Gott seine Pläne und Gedanken selbst trotz solcher Angriffe immer zum Ende bringen kann? Wer Schutz sucht, ist sich seiner eigenen Schwäche bewusst. Und genau diese Hilfsbedürftigkeit schafft dann die Voraussetzung dafür, dass man nach der suchenden und rettenden Hand Jesu greift in der festen Gewissheit, dass sie uns nie mehr loslässt.

Sie bei aller Schwachheit zu finden und mit ihr zu leben ist Gnade und Geschenk. Der Apostel Paulus durfte dies bei aller Mühsal und Krankheit erleben und so, dass er in seinem Brief an die Korinther (2. Korinther 12,9) schreibt: Auf mein dreimaliges Flehen um Besserung hat er (Gott) zu mir gesagt „Lass dir an meiner Gnade genügen, denn meine Kraft ist in den Schwachen mächtig."

Als Pfarrer hatten wir in Südamerika für den Konfirmandenunterricht als Vorlage ein Büchlein mit dem Titel: „Der Schild des Glaubens". Es enthielt in Kurzfassung wichtige Sprüche der Bibel, die Zehn Gebote sowie Gebete und Lieder. Sie sollten auswendig gelernt und den jungen Menschen mitgegeben werden auf ihren Lebensweg. So als „Eiserne Ration", wie sie der Soldat im Kriegseinsatz in Form einer kleinen Wurstdose und einem Päckchen Zwieback im Brotbeutel anbefohlen bekam. Nur im Notfall durfte er davon Gebrauch machen. Die Notfälle, kommen sie nicht immer und irgendwann in jedem Menschenleben? Dagegen gewappnet zu sein bringt allein der Glaube an den auferstandenen Jesus Christus. Er hat eine verlorene Welt überwunden und alle Furcht einflößenden Fürsten und Gewalten mit dazu. Diese Gewissheit ist das höchste Gut, das ein Sterblicher erringen kann, es setzt seinem Leben die Krone auf, wenn er mit Paulus bezeugen kann: „Ich bin gewiss, dass weder Tod noch Leben, weder Engel noch Fürstentümer noch Gewalten, weder Gegenwärtiges noch Zukünftiges … mag uns scheiden von der Liebe Gottes, die in Jesus Christus ist, unserem Herrn." (Römer 8,38 – 39)

Der Schild des Glaubens bewahrt auch vor Irrtümern und falscher Lehre. Und ebenso vor dem Gedanken, den Glauben aufzugeben, weil er nicht mehr zeitgemäß sei. Dagegen ermutigt er, den uns verordneten Kampf weiter zu streiten bis zu der Stunde, wenn Gott uns nach Hause ruft.

Die Stiefel

„An den Beinen gestiefelt": Was meint Paulus wohl damit? Denkt er daran, dass ein gutes Schuhwerk dem Menschen einen besseren Halt gibt? Dass man damit nicht so leicht umfällt mit seinem Glauben, sondern standfest und standhaft seinen Platz als Christ in dem Umfeld behauptet, das Gott ihm zugewiesen hat. Und noch ein weiterer Gedanke: Stiefel sind keine Hausschuhe, mit denen man lautlos und praktisch ungehört umherschleichen kann. Wer angestiefelt kommt, wird gehört und wahrgenommen. In Glaubensfragen soll es kein heimliches oder hinterhältiges Versteckspiel geben. „Es gilt ein frei Geständnis", das heißt, es gilt Flagge zu zeigen, der Feind muss und darf wissen, wer man ist, was man will und welche Strategie man benützt.

Soweit mein Verständnis der christlichen Waffenrüstung. Inwieweit ich dieselbe in Anwendung und zum Einsatz bringen konnte, mag der Leser beurteilen. Ebenso, ob ich dabei über mein Ziel hinausgeschossen bin, indem ich mich selber in den Vordergrund rückte auf Kosten meines Gegners.

Ich schließe dieses Kapitel mit Worten, die Paulus ans Ende seiner verordneten Waffenrüstung setzte, und die noch einmal das zusammenfassten, was das Ziel jeder christlichen, sprich geistlichen Auseinandersetzung zu sein hat: „Gnade sei bei allen, die da lieb haben unsern Herrn Jesus Christus unverrückt!"

Jesus zu lieben und seine Gebote zu halten, das ist der Schlüssel zum Sieg! Denn „wenn ich mit Menschen- und mit Engelzungen redete und hätte der Liebe nicht, so wäre ich ein tönend Erz oder eine klingende Schelle" (1. Korinther 13,1). Es ist sein Geist, der den Glauben lebendig macht. Auch und gerade da, wo es darum geht, im andern den Bruder zu sehen.

Mein Kampffeld

war und blieb Südamerika. Wie bereits erwähnt, wurde dieser Kontinent im 16. Jahrhundert durch die damaligen Großmächte Spanien und Portugal entdeckt und erschlossen. Mit ihnen kam das Christentum in Form der katholischen Kirche und somit die bereits alles beherrschende Machtfülle Roms, gegen die bekanntlich Martin Luthers Reformation Front machte. Die Erschließung dieses Kontinents machte es aber notwendig, Einwanderer zu gewinnen, vor allem aus den europäischen Ländern, darunter auch solche aus dem deutschsprachigen Raum wie Österreich und der Schweiz. Das im Vergleich zu anderen südamerikanischen Staaten kleine Paraguay bot auf sehr großzügige Weise den Neuankömmlingen Land und Wirtschaftshilfen für den Anfang an, so dass im Süden des Landes um die Wende vom 19. zum 20. Jahrhundert Siedlungen entstanden. Entlang des gewaltigen Parana-Flusses wurden Urwälder gerodet und das so gewonnene Freiland zu landwirtschaftlichen Zwecken bebaut. Die im Laufe der Zeit erforderlichen Verbindungswege, genannt *Pikaden*, wurden durch den Urwald geschlagen, die zahlreichen Flüsse und Bäche mit oft geradezu abenteuerlichen Holzbrücken überquert. So entstand um die Jahrhundertwende (1906) neben weiteren Ansiedlungen auch die Kolonie Hohenau.

Schon bald nach den mühseligen Anfangsjahren wurden sich verantwortliche Gemeindeleiter bewusst, wie notwendig die Errichtung von Schulen für die heranwachsende Jugend war. In Privathäusern oder primitiven Bretterschuppen lernten die Kinder das Lesen, Schreiben und Rechnen. Die Lehrer waren Siedler, die diese Fächer mehr oder weniger beherrschten und die sich durch die bescheidene Entlohnung ein Zubrot verschafften. Dieselbe musste von den Eltern der Schüler aufgebracht werden. Die oft viele Kilometer weit entfernten Unterrichtsorte waren nach starken Regen nicht zu erreichen, die Lehrer oft durch die eigene Feldarbeit oder Krankheit nicht zur Stelle, sodass die Kenntnisse nach einer zwei- bis vierjährigen Schulzeit, bei nicht professionellem Lehrpersonal, mehr als dürftig waren.

Ebenso stellten die Urwaldsiedler fest, dass sie mit der fernen Heimat auch jede religiöse Bindung und Tradition verloren hatten. Man wollte die Säuglinge und Kinder taufen, sie sollten im Glauben der Väter aufwachsen, und selbst wollte man nach dem Tod nicht irgendwo wie ein Hund verscharrt werden. Denn das gewöhnlich von einem anwesenden Teilnehmer gesprochene Vaterunser klang oft mehr als dürftig. Und wenn sich zwei junge Menschen zu einer Ehe entschlossen, so war dies doch feierlicher, wenn es unter dem Segen Gottes geschah. Also bemühte man sich um die Errichtung von Pfarrstellen mit ständigen Seelsorgern.

Die Einwohner Paraguays waren und sind Mestizen, also eine Mischung von Indianern und Weißen (nach der Eroberung des Landes hatte, wie erwähnt, jeder spanische

Soldat das Recht auf dreißig indianische Frauen!). Jedenfalls wurde die Kirche Roms zur offiziellen Staatsreligion erklärt, was durch gesetzliche Verordnungen, wie zum Beispiel die Anbringung eines Papst-Bildnisses auf jedem Kirchenaltar, verdeutlicht wurde.

So war eine geordnete Betreuung der katholischen Gläubigen kein Problem. Es gab genügend Priester, die dann auch aus anderen Ländern importiert wurden. Kirchengebäude und später auch Oberschulen mit Internaten, Landwirtschaftsschulen, ja sogar Universitäten wurden mit Unterstützung europäischer Gemeinden und Organisationen gebaut und wuchsen aus dem Boden. Ebenso kamen katholische Ordensschwestern ins Land. Und die jeweils in den Medien groß aufgemachten Teilnahmen von Bundespräsident und Ministern an feierlichen Messen rundeten die Tatsache ab, Paraguay befindet sich in fester Hand der römisch-katholischen Kirche.

Nun kann die Frage gestellt werden, was mit den zahlreichen Einwanderern evangelischen Glaubens passierte? Auch sie hatten sich um eine geistliche und somit kirchliche Betreuung bemüht, die dergestalt zustande kam, dass ein bis zweimal im Jahr ein sogenannter Reiseprediger auftauchte, ausgesandt von der inzwischen gebildeten Deutsch-Evangelischen Kirche am Rio de La Plata (Argentinien), der einige Tage vor Ort blieb, Kinder taufte, Konfirmanden unterrichtete, Trauungen vornahm, um dann ohne Verweilen weiterzuziehen in die nächste Provinz des riesigen Landes. Dass unter solchen Umständen eine geordnete Gemeindearbeit nicht möglich war, ist verständlich. Deswegen bemühte man sich um ein ständiges Pfarramt, mit dem Ergebnis, dass aus Deutschland ein ständiger Pfarrer nach Paraguay und in die dort entstandene Kolonie Hohenau entsandt wurde (1954).

Sein Gemeindegebiet umfasste viele hundert Quadratkilometer, die evangelischen Gemeindeglieder wohnten weit zerstreut in den Urwäldern und waren anfänglich nur über unwegsame Schneisen zu erreichen. Bei den oft einsetzenden subtropischen Regenfällen waren die Wege nicht befahrbar, sodass ein Gottesdienst oft monatelang ausfiel.

In der Anfangszeit wurde dem Pastor, wie er genannt wurde, ein bescheidenes Gehalt aus Deutschland zugesichert, aber geplant war natürlich die Unabhängigkeit der einzelnen Gemeinden. So zahlte jede Familie einen jährlichen Kirchenbeitrag von 20 DM, der aber für besonders arme oder kinderreiche Familien erlassen wurde. Bei besonderen Not- oder schweren Krankheitsfällen versuchte man, aus der Gemeindekasse zu helfen.

Es war im Jahr 1963, als die Vertragszeit des ersten, ständigen Pastors zu Ende ging und er mit der Familie in seine badische Heimat zurückkehrte. Eine wahre Pionierarbeit lag hinter ihm. Mit seinem BMW-Motorrad hatte er mehr als 600 Familien betreut, die im weiten Umkreis zerstreut wohnten. Zirka zehn neue Kolonien waren durch Zuwanderung entstanden und genau so viele Kirchen an zentralen Stellen gebaut worden, wenn auch nur als schuppenartige Bretterhütten.

Als ich nach Hohenau zog, war der Gemeindeverband finanziell gerade auf eigene Füße gekommen. Das heißt, die Hauptgemeinde Hohenau mit allen zehn Nebengemeinden war in der Lage, das Monatsgehalt des Pastors (zirka 400 DM) mit allen Nebenkosten aufzubringen. Bei meiner Ankunft waren es 19 sogenannte Kassierer, die ehrenamtlich in den zugewiesenen Zonen die Beiträge einzusammeln hatten. Viele Gänge, oft 20 km und noch weiter, mussten sie oft umsonst machen, da die Aufgesuchten kein Geld hatten.

Dabei kam es vereinzelt auch vor, dass diese Kassierer die eingesammelten Beiträge in die eigene Tasche steckten, weil die Hauskasse gerade leer war oder eine dringende Arztrechnung zu bezahlen war. Jetzt musste der Pastor zum Mahner werden und versuchen, auf gütliche Art die Sache in Ordnung zu bringen. Kam er dann mit seinem Motorrad angerattert, war es ebenso möglich, dass der Hausvater alarmiert durch das hintere Küchenfenster sprang und sich im angrenzenden Wald versteckte. Jedenfalls war das Finanzproblem ein immerwährendes.

So wurden Gemeindefeste organisiert, bei denen gestiftete Ochsen über dem Feuer gebraten wurden. Die zu Hunderten aus allen Filialen angereisten Besucher wurden mit irgendeinem alten Lastwagen angekarrt. Da saßen sie dicht gedrängt auf der Ladefläche und hielten sich gegenseitig fest, um nicht von einer Kurve oder einem plötzlich auftauchenden Straßenloch abgeschüttelt zu werden.

Das Fest begann mit einem Gottesdienst, danach strebte alles dem Orte zu, wo über einem mächtigen Feuer der Ochse schmorte. Er war bereits in Portionen zu je 2,5 kg zerteilt und an Stecken aufgespießt worden. Jetzt suchte jeder einen schattigen Platz unter einem der mächtigen Bäume und ließ es sich schmecken. Das Bier fand ebenfalls Absatz, so dass die Unterhaltungen immer lebhafter wurden, zumal man sich lange Zeit nicht gesehen hatte. Anschließend gab es für die zahlreichen Kinder Spiele, eine Schießbude stand bereit, aber jetzt kam der Höhepunkt: Es wurde gesungen. Ich holte mein Akkordeon aus dem Koffer und es erschallte laut durch das Tal: „Nun ade du mein lieb Heimatland", „Ich hatt' einen Kameraden", „Kein schöner Land in dieser Zeit" oder „Im schönsten Wiesengrunde". Hier roch es nach Heimat, es waren die Lieder, die man in Ostpreußen, Schwaben oder Bayern noch in der Schule gelernt hatte und nie vergessen konnte. Hier riefen sie die Erinnerungen herbei und schenkten das Gefühl von Gemeinsamkeit und Zusammengehörigkeit, das ihnen die einsame Behausung im Urwald nicht geben konnte. Da in der Regel auch der gebräuchliche Zuckerrohrschnaps die Runde machte, konnte es natürlich auch passieren, dass ein Streithammel dem andern die Schnapsflasche auf dem Kopf zerschlug oder dass man einen Betrunkenen auf einem Ochsenkarren nach Hause transportieren musste.

Paraguay war für den normalen Europäer ein wildes Land mit noch wilderen Sitten und Bräuchen. Die häufigen Revolutionen mit ihren Auswüchsen hatten die sonst liebenswürdigen und hilfsbereiten Menschen so abgestumpft, dass sie nur allzu oft die Grenze zwischen Gut und Böse nicht mehr wahrnahmen und ebenso wenig die zwischen Leben und Tod. Davon machten auch die eingewanderten *Gringos* keine Ausnahme. Für mich als Pfarrer war diese Erkenntnis sehr wichtig, gerade auch bei der Verkündigung von Gottes Wort. Gehörte nicht auch hier und trotz der Liebesbotschaft Jesu ein grober Keil auf einen groben Klotz? Samthandschuhe waren hier nicht gefragt. Dieser Zwiespalt machte meinem cholerischen Gemüt manche Schwierigkeiten und so, dass meine Frau nach einem Gottesdienst zu mir sagen konnte: „Heute hatte ich Angst, dass sie dich nach der Predigt verhauen!" Aber wer waren denn die zurechtgewiesenen Kirchgänger?

Da saß der Mann in der Kirchenbank, der vor Jahren einen Rivalen bei der Brautsuche ganz einfach verschwinden ließ. Alle Beweise sprachen dafür, dass er ihn getötet und im Paranafluss versenkt hatte. Aber es kam zu keiner Verurteilung, weil der bestochene Friedensrichter die Beweislasten unterschlagen hatte und dafür schon jahrelang sein Schweigegeld kassierte.

Da wurde ein Schwindler, der sich als Arzt ausgegeben hatte, während seines Mittagsschläfchens von vielen Kugeln ins Jenseits geschickt. Er hatte einen Erkrankten falsch behandelt, der daran starb. So lief folgende Nachricht durch die Kolonie: „Zur Beerdigung Waffen mitbringen!" Also marschierte im Anschluss ein Teil der Trauergesellschaft in Richtung Doktorhaus und eröffnete das Feuer. Die Kugeln durchschlugen die Bretterwände und töteten den *Siesta*-Schlafenden. Dabei hätten sich die Frauen besonders hervorgetan.

Der Sohn eines Siedlers, er war mein Gemeindevorsteher, hatte seine Freundin geschwängert und weigerte sich dann, die junge Paraguayerin zu heiraten, wie das ihre Eltern forderten. Da fuhr eines Nachts ein besetztes Militärauto vor, die Soldaten stürmten herbei, aber unser Vaterschaftskandidat hatte Lunte gerochen und flüchtete durch ein hinteres Fenster in den nächtlichen Wald. Sie wollten ihn kastrieren!

Mein nächster Nachbar hatte mit einer verheirateten Frau ein Verhältnis und wurde von deren Ehemann dabei ertappt. Man fand ihn, sein Kopf war mit einem der dort gebräuchlichen Buschmesser abgehauen worden und lag neben der Leiche. Vor der Beerdigung kam die Hebamme des Ortes und nähte ihn rundum wieder an. Ähnlich erging es einem deutschen Nachbarn, der als Wissenschaftler ins Land kam.

Bei einem Fußballspiel zwischen zwei Dorfmannschaften stellte der Schiedsrichter einen Spieler strafweise vom Platz. Dieser eilte erbost zu seinen abgelegten Klamotten, holte den Revolver und schoss den Schiedsrichter über den Haufen. Das schrie nach Rache – so die Reaktion eines Zuschauers, der ebenfalls zur Waffe griff, auf den Platz rannte und den

Mörder erschoss. Zwei Tote lagen auf dem Platz und das Spiel wurde abgebrochen. Was Wunder, dass ich es ablehnte, als die Fußball-Liga an mich herantrat mit der Frage, ob ich nicht als Beisitzer in ihrem Gremium fungieren wolle.

Ein Gemeindemitglied hatte mit seinem Auto, natürlich unbeabsichtigt, ein kleines Mädchen überfahren. Es starb noch während seiner Einlieferung ins Krankenhaus. Als besagter Fahrer sich dort nach dem Befinden des Kindes erkundigen wollte, trat ihm der Vater des Mädchens entgegen mit der Drohung, er werde ihn umlegen. Darauf packte dieser in aller Eile einen Koffer und flüchtete, Frau und Kinder zurücklassend, über die Grenze nach Argentinien. Dort blieb er ein Jahr. Dann teilte man ihm mit, dass sich die Lage beruhigt habe und er zurückkommen könne. Das tat er. Aber, so erzählte er mir, er ginge selbst auf den Abort nie ohne seine Pistole. Eines Tages wollte er an der Tankstelle für sein Motorrad tanken, da erspähte ihn der Großvater des verstorbenen Mädchens, der nahe der Tankstelle eine Gaststätte betrieb. Er ließ durch einen Eilboten den Vater verständigen, der sofort herbeieilte und den Revolver zog. Der so Angegriffene nahm Deckung hinter der Zapfsäule, bekam einen Kopfschuss, blieb aber mit viel Glück am Leben.

Noch ein letztes Beispiel. Ein verheirateter Mann verging sich am Töchterchen seiner Lebensgefährtin. Und das so schwer, dass das Kind beinahe verblutete. Der herbeigerufene Arzt setzte mich in Kenntnis und wir vereinbarten, den Fall bei der Polizei anzuzeigen. Es kam zu einer Gerichtsverhandlung und der Beschuldigte wurde zu sieben Jahren Gefängnis verurteilt. Von dort aus ließ er mitteilen, dass er nach seiner Freilassung den Doktor und den Pastor umlegen werde. Eine absolut ernstzunehmende Drohung. Die sieben Jahre gingen vorbei, und schon wurde ich gewarnt von Leuten, die es gut mit mir meinten. Es kam der Tag seiner Entlassung, aber nur wenige Wochen danach kam die Nachricht, dass er plötzlich, ungefähr vierzigjährig, verstorben sei. Da kam seine Mutter und bat mich um seine Beerdigung. Die Anzahl der Trauergäste war außergewöhnlich hoch, denn die Trauergäste waren neugierig zu hören, was der Pastor in „seinem" Falle wohl zu predigen habe. Nach längerer Überlegung nahm ich das Wort Jesu: „Selig sind die Barmherzigen, denn sie sollen Barmherzigkeit erlangen." (Matthäus 5,7).

Damit sei´s genug der Horrorgeschichten. Ich könnte noch weiter aufzählen, aber ich versuchte damit nur, dem Leser erklärlich zu machen, wie sehr das Umfeld einen Menschen prägt und verändern kann. Ich habe unter Wölfen gelebt und musste, um meinem Auftrag gerecht zu werden, auch gelegentlich mit ihnen heulen. Und diese „Wölfe" waren keine wilden Indianer, sondern die Nachkommen von deutschen Einwanderern mit Namen Müller oder Maier.

So lag der Schwerpunkt meiner Verkündigung im Einhalten der Zehn Gebote und den Folgen, die eine Nichtbeachtung nach sich ziehen kann. Es war mir klar, dass dazu weder mit Samthandschuhen noch mit Drohungen etwas zu erreichen war, sondern allein mit den bereits erwähnten Waffen aus Gottes Waffenkammer.

V. Der offene Kampf

Dieser Kampf galt Rom und seiner verweltlichten Kirche. Er begann bereits mit dem Eintreffen des ersten evangelischen Pfarrers in diesem Urwaldgebiet. Ihm standen mindestens ein Dutzend römische Gegner, sprich katholische Geistliche gegenüber. Eine eindeutige Übermacht, die sich auf viele Arten spürbar machte. Während der evangelische Pastor mit einem Motorrad durch die Gegend ratterte und bei den abenteuerlichen Wegverhältnissen manchen Sturz und Knochenbruch verkraften musste, fuhren die katholischen Kollegen im Vergleich unbesorgter übers Land. Ihre Autos waren durchweg neueren Datums und konnten beizeiten durch Neuanschaffungen gewechselt werden. Als die Vertreter der Staatsreligion genossen sie Befreiung von den hohen Einfuhrzöllen neben anderen Privilegien.

Diese besondere Vormachtstellung Roms und seiner Truppe kam ebenso bei besonderen Staatsfeiertagen oder festlichen Empfängen zum Ausdruck. Während ihre Vertreter prinzipiell auf den vordersten Rängen und Ehrenplätzen zu sehen waren, stand der Pastor irgendwo am Rande des Geschehnisses und hatte Mühe, den Ablauf der Feier zu verfolgen.

Ich kapierte sehr bald, wie aussichtslos es war, gegen dieses Bollwerk von Machtfülle anzurennen. Siegessicher und hochgerüstet behauptete es seinen Rang, ähnlich wie einstmals der Riese Goliath. Wir dagegen kamen wie der Hirtenjunge David mit einer Steinschleuder anmarschiert. Das heißt, wir hatten menschlich gesehen nichts dagegenzusetzen. Kräftemäßig war der Kampf bereits entschieden. Doch ich fragte mich, warum mir der liebe Gott wohl einen Verstand gegeben hatte? Und, was sollte er mir nützen, wenn ich ihn nicht ins Gefecht brachte? Ich musste mir etwas einfallen lassen und damit beweisen, dass das Gehirn entscheidender ist als der Bizeps.

Oder so gesagt: „Die Kraft von Gottes nicht sichtbarem Geist ist stärker als die des ersichtlichen Menschengeistes. „Denn was sichtbar ist, das ist zeitlich; was aber unsichtbar ist, das ist ewig" (2. Korinther 4,18).

Die Kieselsteine fliegen

Dazu habe ich einige Beispiele aus meiner Erinnerungskiste herausgekramt. Dies, damit der Leser besser versteht, was meine Taktik war und wie ich sie zum Einsatz brachte.

Beispiel Nr. 1

Das evangelische Pfarramt wurde in der zentral gelegenen Kolonie Hohenau errichtet. In der Nachbarkolonie Obligado entstand etwa zur gleichen Zeit schwerpunktartig das Zentrum der katholischen Kirche. Der dortige Priester H. war aus Deutschland entsandt und entwickelte sich als äußerst aktiv, tatkräftig und ideenreich. Seine großen Bauprojekte konnte er anstandslos durchsetzen, da er es auf diplomatische Weise verstand, sich dem Präsidenten des Landes dienstbar zu machen. Dieser, ein ehemaliger General, galt als gemäßigter Diktator, dem diese Zuneigung der Kirche nicht ungelegen kam. Jedenfalls war bekannt und auch bei jeder Gelegenheit zu hören, dass der Pater H. ohne große Anmeldung im Präsidentenpalast in Asunción aus- und einginge, und sofort empfangen würde. Ich hatte diesen Versuch einmal mit Voranmeldung unternommen, saß einen halben Tag im Wartezimmer und wurde dann unverrichteter Dinge wieder nach Hause geschickt (400 km Reiseweg).

So gelang es dem Pater H., mit Mitteln aus Deutschland, in Obligado eine für dortige Verhältnisse gewaltige Kirche zu bauen, eine Grund- und Realschule für einige hundert Schüler, dazu ein umfangreiches Internat und später auch eine große Landwirtschaftsschule, die gleichzeitig auch als Priesterseminar gedacht war. Er selbst war der Rektor des gesamten Komplexes. Zur Seite standen ihm einige Ordens-schwestern. Dazu kamen noch weitere Kirchbauten in den Nachbarkolonien, kurzum, all diese Aktivitäten hatten ihn zu einer sehr einflussreichen Persönlichkeit gemacht. Er hatte selbst in der Leitung einer großen Raiffeisen-Genossenschaft das letzte Wort, die im Laufe der Zeit entstanden ist.

Pater H. sah sich auch veranlasst, einen Grundstücksbe-sitzer davor zu warnen, ein kleines Stück Land an die Evan-gelischen zu verkaufen, die darauf ein Bretterkirchlein bauen wollten. Der eingeschüchterte Besitzer verkaufte nicht, man wollte den Pater H. nicht zum Feinde haben.

So war die Stimmungslage, als der erste ständige Pastor, also mein Vorgänger, ins Hohenauer Pfarrhaus einzog. Er war als kirchliches Konkurrenzunternehmen natürlich weder erwünscht noch geliebt. Das war mit der Grund, warum ein ökumenisches Miteinander praktisch undenkbar war. Jeder ging seiner Wege.

Eine Veränderung bahnte sich erst an, als einige Schul-kinder aus unserer Gemeinde weinend nach Hause kamen und erklärten, sie wollten jetzt auch katholisch werden. Die Schwester O. habe gesagt, die Evangelischen kämen alle in die Hölle. Jetzt läuteten bei diesen die Alarmglocken, und man erkannte die dringende Notwendigkeit zur Gegenwehr. Der Griff zum Kieselstein war die Folge. So entstand in den fol-

genden Jahren ein evangelisches Internat mit einer Primar-
schule, dies mit Hilfe des Gustav-Adolf-Werkes in Deutschland. Damit hatte man die Gegenseite in ihren Anmaßungen
empfindlich getroffen.

Beispiel Nr. 2

Es gab viel Not im Lande. So halfen wir auch einer völlig ver-
armten Familie, er deutscher Auswanderer, sie Paraguayerin,
mit Lebensmitteln. Sie bewohnten mit ihrer einzigen Tochter eine morsche Bretterhütte und machten große Anstrengungen, um diesem Kind eine bessere Zukunft zu geben. So
schickten sie das Mädchen auf die Oberschule von Pater H.,
wo sie als sehr gute Schülerin galt. Doch kurz vor dem Abitur
wurde sie geisteskrank. Sie sprang nackt durch die Straßen
und musste immer wieder wie ein Tier eingefangen werden.
Die Ärzte wussten keinen anderen Rat als die Einlieferung in
die einzige Psychiatrie des Landes, diese befand sich in der
Hauptstadt Asunción, 400 km entfernt. Sie war im Busver-
kehr zu erreichen, doch konnte man damit das immer wieder
wie wild um sich schlagende Mädchen nicht transportieren.
Es brauchte dazu mindestens außer der Mutter noch eine weitere Begleitperson. Und das Fahrgeld hatte man auch nicht,
noch weniger die Mittel für ein Taxi. Das alles erzählte mir
die weinende und verzweifelte Mutter. Man habe ihr geraten,
da sie ja auch katholisch sei, besagten Pater H. um Hilfe zu
bitten, er war der Klassenlehrer der Tochter und kannte sie
und ihre armseligen Familienverhältnisse recht gut. Außerdem besaß sein Internatsbetrieb einige geeignete Fahrzeuge
in bestem Zustand. Aber, so die Mutter weiter, der Pater habe
ihr erklärt, dass sie kein Fuhrunternehmen seien und dass er
Privatfahrten mit einem Dienstfahrzeug nicht verantworten

könne. Er hatte wohl nie das Gleichnis Jesu vom Barmherzigen Samariter gehört, und das war ein Heide!

Jedenfalls erforderte diese Lage eine sofortige und bedenkenlose Hilfe. Wir hatten in unserem Internat ebenfalls einen allerdings sehr ramponierten und im Lauf der Jahre äußerst wacklig gewordenen VW-Bus. So ging ich zum Internatsleiter mit der Frage, ob er sich damit noch eine Fahrt nach Asunción zutraue. Er machte ein recht bedenkliches Gesicht, meinte aber dann im Blick auf den Notfall, dass er hoffe anzukommen. Er wolle eine neue Batterie kaufen, das Öl wechseln und zwei Ersatzräder zusätzlich mitnehmen. (Zur Erklärung: Die Wegverhältnisse und die Staubentwicklungen auf den Erdstraßen bedeuteten in der Regel das „Aus" für einen neuen Automotor, er war nach 30-40.000 km kaputt).

Schon nach wenigen Tagen ging die Reise los. Aber noch zuvor erreichte mich ein Telefonanruf, mit welchem mir die Sekretärin von Pater H. mitteilte, dass man sich doch zu der Reise entschlossen habe. Man hatte natürlich erfahren, dass wir in die Bresche gesprungen waren.

Aber dieser Zug war abgefahren. Der Kieselstein hatte eine funkelnde Perle aus der Herrscherkrone von Pater H. getroffen und herausgehauen. Denn diese Nachricht eilte sehr schnell durch das Land. Zum Abschluss: Das kranke Mädchen blieb lange in der Anstalt. Als die Mutter mit dem Wunsch zu mir kam, evangelisch zu werden, wehrte ich ab, weil ich der Meinung war, dass es bei Glaubensfragen kein Vorteilsgerangel geben darf. Sie solle in ihrer Kirche eine treue Nachfolgerin Jesu bleiben, dann seien wir beide auf demselben Weg, so lautete gewöhnlich mein Rat auch bei ähnlichen Fragern.

Beispiel Nr. 3

In einer Nachbarkolonie hatte sich ein Zahnarzt niederge-
lassen. Gerade von der Universität kommend, fehlten ihm
neben der üblichen Berufserfahrung auch die Mittel zu einer
geordneten Praxis. So hatte er ein „Haus" gemietet, das nichts
anderes war als ein alter, auf Holzklötzen stehender Bretterschuppen, der beim Betreten gewöhnlich leicht schwankte.
Saß man auf dem sehr gebrauchten Patientenstuhl, konnte
man ohne Schwierigkeiten durch die Bretterritzen ins Schlafzimmer und in die Küche der Familie sehen. Der Zahnarzt
selbst war Paraguayer, zirka 30 Jahre alt, er hieß Juan und saß,
wenn keine Patienten da waren, gemütlich vor seiner Bude
und saugte den in Südamerika üblichen Mate-Tee aus der
Kürbisschale. Dabei konnte er den damals noch sehr dürf-
tigen Straßenverkehr beobachten, so dass er immer wusste,
wer wohin unterwegs war. Öfters machte ich mit meinem
Motorrad einen Halt, denn er war durch seine Kundschaft
bestens orientiert über alles, was landauf, landab passierte.
Oft klagte er über die Zahlungsmoral seiner Patienten, und
als das zweite Kind zur Welt kam, wurde es in der Bude zu
eng und er suchte nach einer größeren Räumlichkeit. Sein
Traum war der Bau eines eigenen Hauses, zu dem ich ihm
mit einem zinslosen Kredit dann verhelfen konnte.

So bekam ich von ihm eines Tages einen telefonischen
Anruf. Er sei ganz ratlos und wisse nicht, was er tun solle. Da
sei eine alte, katholische Nonne in die Praxis gekommen, die
kaum noch Zähne habe und dringend ein Gebiss bräuchte.
Dazu habe ihr das Mutterhaus zur Bezahlung den Gegenwert
von 20 DM mitgegeben. Als Christenmensch und Katholik
sei er ja gerne bereit, für einen Menschen, der sein Leben in
den Dienst des Nächsten gestellt habe, eine Arbeit umsonst zu
tun. Aber allein das Material koste das Zehnfache und es sei

eine Unverschämtheit von der leitenden Schwester Oberin, seine Arbeit mit einem Trinkgeld zu bewerten. Recht hatte er, denn er wusste so gut wie ich, dass seine Kirche auf sehr umfangreiche Weise Geldmittel aus Europa erhielt, sodass man sie in Gewinn versprechende Unternehmen anlegte. In unserem Umfeld war dies, soweit ich mich noch erinnere, ein Supermarkt, ein Sägewerk, eine Seidenspinnerei, eine Buchhandlung, eine Viehfarm, eine Apotheke usw. Dies alles war bekannt. Aber ebenso, dass diese Unternehmen keine lange Lebensdauer hatten, weil es ihnen sowohl an kompetenten Führungskräften als auch an ehrlichen Mitarbeitern fehlte. Die damit beauftragten Padres wurden nach Strich und Faden übers Ohr gehauen und hätten besser getan, sich um das Seelenheil ihrer anvertrauten Schafe zu kümmern.

Zurück zu unserem Zahnarzt Juan. Nachdem er mir die Sachlage ziemlich aufgebracht geschildert hatte, stand erneut die Frage im Raum: „Was tun?" Meine Antwort kam schnell und kurz: Mach ihr ein gutes Gebiss zu einem reellen Preis, denn du musst ja auch leben. Die Rechnung bezahle ich. Das bleibt aber unter uns. Ersteres wurde erledigt, beim zweiten Punkt aber wäre unser Juan total überfordert gewesen. Dieses Ereignis war so pikant und einmalig, dass er es weder der Bevölkerung noch seiner zahlreichen Kundschaft vorenthalten konnte. So eilte in kürzester Zeit die Meldung durch die Kolonien, der evangelische Pastor habe einer katholischen Nonne das Gebiss bezahlt. Damit war der Fall erledigt. Nur meinte ich bei späteren Unterhaltungen mit Juan herauszuhören, dass er sich des Öfteren dafür entschuldigen wollte, katholisch zu sein.

Auch dieser Kieselstein hatte getroffen. Auch wenn er damit nur ein Versäumnis, oder besser gesagt die totale

Nichtbeachtung eines wichtigen, christlichen Gebotes aufgedeckt hat.

Beispiel Nr. 4

Ich möchte es gerne als klassisches Muster dafür verstanden wissen, wie ausschlaggebend bei jedem Kampf sowohl der Ideenreichtum als auch die sorgfältige Vorbereitung sein können. Es sei mir wiederum erlaubt, einen entsprechenden Rahmen um das Ereignis anzubringen

Auch Paraguay unterhielt wie andere Nationen einen diplomatischen Verkehr mit der übrigen Welt. Sein damaliges Staatsoberhaupt Alfredo Stroessner galt als gemäßigter Diktator, der sich im sogenannten Chacokrieg (Bolivien gegen Paraguay 1932–1935) durch Tapferkeit und sein Organisationstalent bis zum General hochgearbeitet hatte. Er wurde in Paraguay als Sohn eines deutschen Einwanderers aus Bayern und einer Paraguayerin geboren und galt als deutschfreundlich. Dass er nach Ende des 2. Weltkriegs den damals weltweit gesuchten KZ-Arzt Mengele einreisen ließ und ihm zur paraguayischen Staatsbürgerschaft verhalf, wurde ihm von der Bundesrepublik Deutschland verständlicherweise angelastet, sodass er als Staatsmann nie dorthin eingeladen wurde.

Trotzdem unterhielt man mit ihm, schon hinsichtlich der großen Zahl deutscher Einwanderer, lose Beziehungen. Zumal auch die USA dieses Land als zuverlässigen, sprich schuldensicheren Handelspartner entdeckt hatten. So geschah es, dass die deutsche Regierung einer Einladung Stroessners insofern entgegenkam, als man nicht den Bundespräsidenten, sondern einen Vertreter aus der zweiten Reihe auf die Reise schickte. Es war Alfons Goppel, der Ministerpräsident von Bayern. Dies passte bestens, war doch Stroessner selbst ein halber Bayer.

Der Besuch wertete denselben jedenfalls im Staatenverbund tüchtig auf, weswegen man im Lande alle nur möglichen Anstrengungen machte, um ein gutes Bild abzugeben. Dazu gehörte ausnahmslos, dass man wichtigen Besuchern auch die Kolonien der deutschen Einwanderer und ihrer Nachkommen vorführte, die im Vergleich zu anderen Landesteilen in vielen Beziehungen fortschrittlicher waren. Jedenfalls erreichte schon Monate zuvor die Meldung über den hohen Besuch unsere Zone, dies über den besagten Pater H., der bei der deutschen Botschaft in Asunción ein- und ausging.

Es wurde ein Festkomitee unter seiner Leitung gegründet und es war klar, dass sowohl die Organisation als auch der Ablauf des Festprogramms in den bewährten und festen Händen seiner Kirche lagen und deren geräumige Baulichkeiten genutzt würden.

Obwohl unsere evangelische Kirche mindestens 80 % und somit die große Mehrheit aller deutschstämmigen Siedler stellte, wurden wir über die Vorbereitungen von Pater H. weder informiert noch einbezogen. Im Hintergrund stand erfahrungsgemäß seine berechnende Hoffnung, durch den Besucher zu weiteren Kontakten und Geldmitteln zu kommen.

Schon liefen auf seiner Seite alle Vorbereitungen auf Hochtouren, die Internatsschüler trainierten turnerische Vorführungen, übten Folkloretänze und sangen Volkslieder, kurzum, man war bestrebt, dem hohen Gast, selber Katholik, die besten Eindrücke in seine bayerische Heimat mitzugeben.

Es fehlten nur noch wenige Wochen, da kam ein Mitglied des Festkomitees zu mir mit der Mitteilung, es sei bei der letzten Sitzung gesagt worden, dass man doch anstandshalber auch den Pastor ins Programm hereinnehmen sollte, zumal er ja auch Deutscher sei. Auch könnte er dabei das evangelische Internat mit einer Darbietung vorstellen, nur sollte dieselbe im Blick auf das sowieso überfüllte Programm kurz ausfallen. Soweit die Nachricht. Ich sagte zu, nur, so überlegte ich, wie oder womit sollen wir uns präsentieren? Wir hatten weder geeignete Programmgestalter noch die Möglichkeit unseres Widerparts, unter einer großen Anzahl von Schülern geeignete Darsteller herauszusuchen.

Mir war nur eine Sache klar, es musste etwas Besonderes und absolut nicht Gewöhnliches sein. Nur das völlig „andere" konnte den Gegner überraschen. Und diese Taktik der Überraschung hat schon manche Schlacht entschieden. Denn nicht zu vergessen, mir gegenüber stand in Gestalt des Riesen Goliath das übermächtige Aufgebot Roms, dem ich nichts Gleichwertiges entgegenzusetzen hatte als nur eine bloße Idee.

So kam der große Tag und mit ihm der bayerische Ministerpräsident.

Spruchbänder und Fahnen hingen an Häusern und Bäumen, zu Hunderten strömte das Volk herbei und stand dicht gedrängt auf dem Kirchplatz. Dann war Motorenlärm zu hören, sie kommen! Voraus die Eskorte und schon setzte die militärische Musikkapelle mit Pauken und Trompeten ein, die dazu extra aus der Hauptstadt angereist war.

Zum Hauptgebäude führte eine umfangreiche Treppe nach Schlossherrenart, auf deren Stufen die empfangsbereiten Priester und Ordensschwestern postiert waren.

Dann stiegen Goppel und vier Minister aus den Wagen, die Stroessner mit seinem Staatssekretär als seine Vertreter geschickt hatte. Er selbst ließ sich wegen eines Todesfalls entschuldigen.

Der kleine Pastor stand in der Menschenmenge und musste sich tüchtig strecken und auf die Zehen stellen, um etwas von der Begrüßungszeremonie zu sehen. Anschließend begab sich die Festgesellschaft in den geschmückten Schulhof, wo eine Bühne aufgebaut war und viele Sitzreihen standen.

Dann lief das Programm an und dauerte bis um die Mittagsstunde. Ich saß sprungbereit hinter den Ehrengästen und wartete auf den zugesagten Einsatz. Aber der kam nicht. Man hatte uns vergessen oder besser gesagt unterschlagen.

Dagegen wurde jetzt zur Tafel gerufen und bekannt gegeben, dass mit dem Essen der offizielle Teil des Festes zu Ende sei. Die geladenen Ehrengäste begaben sich in den großen Speisesaal, darunter auch ich, und suchten sich ihren ausgeschilderten Sitzplatz. Oben am Kopfende saß die Hautevolee, also Goppel und die Minister. Mich selbst hatte man am anderen Ende platziert. Schon wurde das Essen aufgetragen, da fasste ich mir ein Herz und ging zu dem Programmleiter mit der Frage, ob wir denn auch noch dran kämen. Der schaute mich nur verdutzt an und meinte: „Ach so". Gedacht hatte er wohl: „Der ist ja auch noch da".

Da die dampfenden Gerichte bereits serviert wurden, meinte er doch etwas verlegen: Stellen Sie sich einfach jetzt gleich vor, aber machen Sie es kurz, die Leute sind schon beim Essen.

So geschah es dann. Der Leser mag verstehen, dass ich dies mit recht niedergeschlagenem Gemüt tat. Aber es gab kein Zurück mehr.

Dazu muss ich Folgendes vorausschicken. Die paraguayische Bevölkerung war, wie schon erwähnt, indianischen Ursprungs. Natürlich war die Zeit, als man in den eingedrungenen Europäern noch weiße Götter vermutete, längst

vorbei. Aber was geblieben ist, war das Gefühl von Unter-
würfigkeit und Unterlegenheit, das bei diesem so tapferen
und patriotischen Volk bis zu Komplexen führen konnte.
Deswegen sah man in der Völkervermischung einen einzigen
Weg zu Anerkennung, Gleichheit und damit Gerechtigkeit.
Dies hatten mich die Jahre in Südamerika gelehrt, und genau
darauf zielte meine Schleuder.

Wir hatten in unserem Internat die paraguayische Schülerin Elvira, die mit Fleiß und auffallendem Interesse an den
Unterrichtsstunden in Deutsch teilnahm. Diese waren freiwillig und natürlich kostenlos. Das Mädchen war dunkelhäu-
tig, hatte schwarzes Haar und verkörperte mit ihrem Aussehen eine waschechte Paraguayerin. Ihr setzte ich eine kurze
Begrüßungsansprache in Deutsch auf, die sie auswendig zu
lernen hatte. Nach einigen Proben sagte sie die Ansprache
fehlerlos und fließend auf. Dann hatten wir eine weitere
Schülerin, Anita Maier, die mit ihren Eltern von Berlin nach
Paraguay eingewandert war. Und das in ein Umfeld, wo nur
die Landessprache Guaraní zur Verständigung möglich war.
So beherrschte das blonde Mädchen diese Indianersprache
fließend. So ließ ich den Begrüßungstext von einem Lehrer in
diese Sprache übersetzen, die ich selber nicht verstand. Und
auch sie hatte die Aufgabe, den Text auswendig zu lernen.

Jetzt schlug die Stunde unseres Auftritts. Als Elvira vor
den Tisch der Honoratioren trat, wurde es ganz still. Und als
sie anfing, in bestem Deutsch die Herrschaften zu begrüßen,
wurde es noch stiller. Und als sie endete, kam großer, aner-
kennender Beifall. Auch aus der Ministerecke. Man sah den
Staatsmännern den Stolz an, war es doch ein Kind ihres Landes, das sich so gekonnt vor dem deutschen Minister gezeigt
hatte. Schnell rief ich aus meiner Ecke die Übersetzung ins
Spanische durch den Saal, dann folgte der zweite Schlag, es

war der absolute Abschuss. Die blonde Anita rasselte mit sicherer Stimme ihren vorgegebenen Text in Guaraní herunter, und die Minister erhoben sich bereits und klatschten. Wir hatten genau ihren patriotischen Nerv getroffen. Es brandete ein wahrer Beifallsturm auf, der nur unterbrochen wurde, als sich Goppel erhob und ausrief: „Was hat sie denn gesagt?" Denn natürlich hatte er die Sprache nicht verstanden, so wenig wie ich. Aber mir war ja der Inhalt bekannt, so konnte ich denselben wie zuvor laut durch den Saal rufen. Dann hörte ich, wie der in meiner Nähe sitzende Pater Juan, ein munterer Rheinländer, seinen Amtsbrüdern zurief: „Der Held hat wieder den Vogel abgeschossen!" Das heißt, mein Kieselstein hatte getroffen. Wohl nicht einen flatterhaften Vogel, sondern diesen ungeistlichen und somit falschen Absolutheitsanspruch, mit dem Rom so häufig seinen Kontrahenten entgegengetreten war.

Nach Beendigung des Essens wurden die Gäste noch an das Kaffeebufett gebeten. Da trat der Sekretär Stroessners zu mir, stellte sich als solcher vor und bat um die Erlaubnis, mir seine Frau vorstellen zu dürfen. Mit dem gleichzeitigen Hinweis seiner Bereitschaft zur Hilfe, wenn ich solche irgendwann einmal nötig hätte. Außerdem wolle er den Präsidenten über meine Aktion informieren. Dass dies geschah, bestätigte eine spätere Einladung desselben. Dann trat noch der damalige paraguayische Konsul von Hamburg an mich heran, gratulierte, klopfte mir auf die Schulter und sagte: „So macht man Amerika". Und dann, „wenn Sie mich mal brauchen ..." Das genügte mir. Diese Schlacht war geschlagen.

Beispiel Nr. 5

Das Wachstum der Kolonien war gerade in dieser Zeit unverkennbar. Paraguay hatte gerade im Süden des Landes noch große Reserven an Urwäldern, die als bestes Pflanzland galten. Dagegen waren gewisse Zonen im benachbarten Brasilien bergiges und schwer zu bearbeitendes Steinland mit mageren Erträgen. Dies veranlasste die vor wenigen Jahrzehnten dort eingewanderten Siedler, meist Deutschstämmige, nach Paraguay weiterzuziehen. Ein wahrer Boom setzte ein, die Landpreise stiegen gewaltig und der neue Schwerpunkt lag ungefähr 200 Kilometer (Luftlinie!) nördlich von Hohenau. Natürlich blieben bei diesem Wechsel nicht nur Haus und Hof zurück, sondern auch die traditionelle evangelische Kirche, die in Brasilien gerade im Aufbau war. Jetzt saß man davon weit entfernt im Urwald. Wer sollte jetzt ihre Kinder taufen, im Glauben unterweisen und die jungen Paare trauen?

So standen einmal einige Siedler vor mir, die man von dort als Abordnung geschickt hatte mit der Anfrage, ob unsere Gemeinde, sie liege am nächsten, die kirchliche Betreuung dieses Gebietes nicht übernehmen könne. Denn die Abwerber anderer zweifelhafter Kirchen und Sekten seien bereits eifrig unterwegs. Leider musste ich im Blick auf die eigene Gemeindedimension absagen. Ich versprach aber den Männern, den Fall an meine Kirchenbehörde weiterzumelden und auf die Dringlichkeit hinzuweisen. Man bestätigte meine Information mit der betrüblichen Mitteilung, dass man aufgrund des eigenen Pfarrermangels nicht helfen könne.

Und so handelte ich nach der Devise „Selbst ist der Mann". Ich hatte aus der Gemeinde einige Männer im Predigtdienst geschult und gewann unter ihnen den Bauern Luis, der sich bereit erklärte, mit seiner Frau für einige Zeit in diese Zone zu ziehen, sozusagen als Hilfspastor, um dort die so benötigten Dienste zu verrichten. Das klappte wider Erwarten sehr gut. Doch als er einmal irgendwo einen Hausgottesdienst planen wollte, bekam er unerwartete Schwierigkeiten. Und damit kommen wir zum Anlass des folgenden Beispiels.

In dieser ausgedehnten Urwaldgegend gab es ein katholisches Pfarramt. Der amtierende Priester, Paraguayer, allgemein bekannt als „Paí C." (*Paí* bedeutet in der Indianersprache Vater) war ein außerordentlich aktiver und organisatorisch begabter Vertreter seiner Kirche. Er verstand es, durch beste Beziehungen zu Hilfswerken umfangreiche Geldmittel zu beschaffen, Hauptgeberland war die Schweiz. Ebenso hatte er die Unterstützung der Landespolitiker im Rücken, da sein Bruder der Chef von Stroessners Geheimdienst war.

Der Paí baute eine Kirche, eine Schule mit Internat, eine landwirtschaftliche Genossenschaft, eine Molkerei mit Käseproduktion und dann, sozusagen als Glanzstück, ein Fußballstadion. Außerdem hatten seine politischen Beziehungen dazu beigetragen, dass die Zone beschleunigt elektrifiziert und mit einer guten Verkehrsstraße versehen wurde. Er hatte so das ganze Gebiet hochgewirtschaftet und galt als ungekrönter König, gegen dessen Macht und Beziehungen keiner ankam. Er bestimmte und was er befahl, geschah.

Diesem „Herrscher" wurde nun durch seine zahlreichen Spitzel dieser Plan eines Hausgottesdienstes zugetragen und von ihm sofort verboten. Er fand nicht statt. Die eingeschüchterten Protestanten fürchteten die sonst entstehenden Repressalien, wobei nicht zuletzt auch Gefahr für das Leben bestand.

Diese üble Reaktion teilte mir Luis mit. Ich gab sie weiter an meine Behörde in Buenos Aires. Dort war man nicht nur erstaunt, sondern auch erschrocken. Man kam zu dem Beschluss, es mit diesem Mann noch einmal im Guten, das heißt mit einer Aussprache im christlichen Sinne zu versuchen, und dazu wurde ich gebeten.

Das bedeutete für mich mehr als einen ganzen Anreisetag. Denn ich musste von Hohenau nach Argentinien, dort den Fluss entlang Richtung Norden bis zur Kolonie Eldorado und dann wieder über besagten Grenzfluss hinüber nach Paraguay.

Zu meinen Reisevorbereitungen gehörte auch ein vorheriger Besuch beim katholischen Kollegen mit der Bitte, er möge mir eine Bescheinigung ausstellen über unser gutes, ja vertrauensvolles ökumenisches Miteinander. Dieses Papier bekam ich anstandslos. Nur entfuhr dem zuständigen Pater, nachdem ich ihm den Grund und die dortige Sachlage geschildert hatte, ein mitleidiges „Au wei!". Er hatte es nicht gesagt, aber wohl gedacht, was damals in Worms beim Reichstag der kaiserliche Feldhauptmann Georg von Frundsberg zu Luther gesagt haben soll: „Mönchlein, Mönchlein, du gehst einen schweren Gang!" Der Paí war, auch unter seiner Kollegenschaft, bekannt als gefährlich einzuschätzender Mann und Gegner. Man verabschiedete mich mit den besten Wünschen und der neugierigen Bitte, ihm nach der Rückkehr den Ablauf dieses Abenteuers zu berichten.

Es war ein heißer Reisetag gewesen. Müde und verschwitzt erreichte ich gegen Abend den Ort meines Auftrags. Vor mir lagen die überall ausgeschilderten Baulichkeiten dieses kirchlichen Zentrums. Nachdem ich mich am Eingang ausgewiesen hatte, erschien der Pater in seiner weißen Soutane und bat mich herein. In seinem Büro saßen wir uns gegenüber, er schaute mich sehr scharf mit seinen stechenden, dunklen Augen an und ließ mir eine Coca Cola bringen. Ich hatte den Eindruck, dass er über mich informiert war. Dann übergab ich ihm das Empfehlungsschreiben seiner Kollegen, das er kurz überflog, um es dann für mich recht sichtbar in den Papierkorb zu werfen. Als ich ihm unser Anliegen vortrug, hörte er schweigend zu. Aber dann begann er.

Seine Argumente lauteten so: Die Protestanten hätten bekanntlich die Kirche gespalten und nichts weiter gebracht als Unfrieden und Kriege. Nun seien sie auch hier so wie andere Sekten eingebrochen, um den Frieden zu zerstören. Und das könne er nicht zulassen. Wer eine kirchliche und somit geistliche Betreuung suche, der könne zu ihm, also in seine Kirche kommen, wo das Christentum nachweislich echter und reiner praktiziert werde.

Was sollte ich darauf sagen? Dann erwähnte er nachdrücklich, dass er ein persönlicher Freund Stroessners sei und dass sein Bruder als Chef des Geheimdienstes auf jedem Gebiet viel Einfluss habe (dieser war für seine Foltermethoden bekannt, wobei Geständnisse mittels elektrischer Folter erpresst wurden).

Das war eine Drohung. Ich sei wohl, so meinte er sehr geringschätzig, der Luther Paraguays, deswegen empfehle er mir, rasch zu verschwinden. Denn für seine Leute könne er nicht garantieren!

In meinem Kampf gegen Rom habe ich bewusst nie die Flucht ergriffen, aber hier blieb mir keine andere Wahl. Dieser Paí war mit meinen Waffen des Geistes nicht zu schlagen, sie prallten an ihm so wirkungslos ab wie Erbsen an einer Rüstung. Er hatte einen anderen Geist, es war dieser menschliche Geist von Fleisch und Blut, wie Paulus ihn warnend nannte. Auf dem langen Heimweg kam mir verstärkt Jesu Gleichnis in den Sinn, das von den Wölfen im Schafspelz sprach.

Aber wenn ich an den Luther von Paraguay dachte, lachte mein Herz. Eine höhere Auszeichnung gab es für mich nicht.

Wieder zuhause berichtete ich den katholischen Amtsbrüdern. Sie waren empört, fühlten sich in ihrer Voraussage bestätigt und meinten, dieses böse Verhalten erfordere unbedingt eine Meldung an den Kardinal. Nein, war meine Antwort, so nicht. Und dabei dachte ich an den Christus gemäßen Rat des Paulus an die Römer: „Überwinde deinem Feinde gegenüber das Böse mit Gutem, so wirst du feurige Kohlen auf sein Haupt sammeln!" (vgl. Römer 12,20 u. 21). Das heißt, dass Liebe und Barmherzigkeit auch das verhärtetste Herz zum Brennen bringen und somit erweichen können. Aber wie sollte ich das anstellen?

Es war wenige Wochen vor Weihnachten, da suchte ich Kontakt mit einem mir bekannten Siedler dieser Zone. Den bat ich brieflich um Folgendes. Er möge doch bei seinem nächsten Besuch in der Stadt eine Flasche französischen Sekt kaufen (das war der beste und teuerste – Geld kommt) und sie am Heiligen Abend dem Paí bringen mit einem Gruß vom paraguayischen Luther, verbunden mit dem Wunsche einer gesegneten Weihnachtszeit. Dabei sollte diese Übergabe nach Möglichkeit gegen Abend und um die Zeit geschehen, zu der auch in Paraguay das Glockengeläut weltbekannter Dome in allen Radiosendern erschallte. Ich ließ mir nur noch vom geglückten Ablauf dieses strategischen Unternehmens berichten, dann war für mich der Fall erledigt. Ob die feurigen Kohlen am Herzen des Paí etwas verändern konnten, mag nur der liebe Gott wissen.

Nach 14 Jahren Hohenau (1963–1977) verließen wir das uns so lieb gewordene Paraguay und wechselten noch für einige Jahre nach Argentinien. Das bisherige Kampffeld blieb zurück mit manchen eingesteckten Niederlagen, aber auch erfreulichen Siegen. Sie wurden durchweg nicht durch mein professionelles Können oder meine schwäbische Schlitzohrigkeit errungen, sondern mithilfe der geistlichen Waffen, wie sie eingangs aufgeführt wurden. Daher keine Siegesfanfaren, sondern Gott allein die Ehre.

Beispiel Nr. 6

Wie schon erwähnt, erstreckte sich die Region der Ansiedlungen europäischer, also auch evangelischer Einwanderer über weite Entfernungen. So hatte ich von Paraguay aus auch Dienste im benachbarten Argentinien. Die Gottesdienste wurden dabei mangels einer Kirche bei irgendeiner Familie in der Scheune oder selbst in einer größeren Küche abgehalten. So auch in der Stadt Posadas. Da die Besucher immer mehr wurden, kam ich auf die Idee, einen dort amtierenden katholischen Priester um die Benutzung einer seiner leer stehenden Kapellen zu fragen, die nur von Zeit zu Zeit geöffnet und in Gebrauch war. Der Pfarrer, noch jung, kam aus Polen. Sehr freundlich hörte er mich an, aber als ich mich als Protestant auswies, schüttelte er bedauernd den Kopf. O nein, ein lutherischer Gottesdienst in einem römischem Kirchenraum, das sei eine Entweihung. Er könne das nicht verantworten. Höchstens, wenn der Bischof dazu die Erlaubnis gäbe. Damit war ich verabschiedet.

Doch ließ mir dieses Ergebnis keine Ruhe. Ich sattelte meine Rosinante und machte mich zum Sturm bereit. Das Angriffsziel war der zuständige Bischof K. des Polen, der seine Residenz in derselben Stadt hatte. Er galt als vorbildlich, offen und hilfsbereit. Aber dies zu wissen genügte mir nicht. So suchte ich den ebenfalls populären Bischof auf der paraguayischen Flussseite auf, dem ich kein Unbekannter war, und bat ihn um ein Empfehlungsschreiben. Dies wurde mir sofort ausgestellt, natürlich gut verschlossen.

Dann tuckerte das Motorboot über den Paraná, und ich stand mit meinem Schreiben vor dem Sekretär des Bischofs. Dieser hieß mich Platz zu nehmen, dann verschwand er. Es verging eine lange Zeit, sodass ich schon anfing, nervös auf meinem Stuhl herumzurutschen, dann kam er endlich zurück. Und das mit einem auffallenden Lächeln. Der Bischof lasse sagen, dass ich das Empfehlungsschreiben selber lesen dürfte.

Das tat ich. Darin stand, dass Bischof K. gebeten wurde, mir unbedenklich in allen Anliegen entgegenzukommen, da es sich bei meiner Person (wörtlich) um einen wirklichen, also echten *Pastor* (Hirten) handle. Da wäre ich beinahe stolz geworden. Ich fühlte mich wie ein gewöhnlicher Landser (Soldat), dem man das Ritterkreuz umgehängt hatte. Denn anerkennende Worte aus „Feindesmund" sind nicht mit Gold aufzuwiegen. Ebenso die abschließende Zusage, dass ich gerne jede Kirche seines Sprengels für meine Gottesdienste benützen dürfe.

Noch ein weiteres Beispiel: Ich kenne recht gut das geläufige und sicherlich zutreffende Sprichwort: „Eigenlob stinkt". Wenn ich trotzdem und nach längerem Überlegen die folgende Begebenheit niederschreibe, dann nur um zu belegen, wie wenig es dann stinkt, wenn der verdächtigte Lobhudler keinerlei Absichten gezeigt oder Anstrengungen dazu gemacht hat. Dies trifft auch beim folgenden Falle zu.

Im Hohenauer Pfarrhaus läutete das Kurbel-Telefon. Es meldete sich die Sekretärin der katholischen Universität von Encarnación, unserer Provinzhauptstadt, mit einer Nachricht, die mich, wie sie meinte, sicherlich erfreuen würde. Da sei in einem Seminar die Geschichte des Christentums behandelt worden und darüber sei die heftige Debatte entbrannt, ob und wie es überhaupt möglich sei, ein Christentum der Tat im Sinne Jesu zu verwirklichen. Nach vorwiegend abschlägigen Antworten und Meinungen habe der Professor schließlich die Frage gestellt, wie sie, die Studenten, sich denn einen echten Christen vorstellten. Da habe einer geantwortet: „So wie den Pastor Held in Hohenau!" – Ich wehrte beinahe erschrocken ab, denn das war mir peinlich. Aber schließlich kann keiner etwas für das, was ein anderer behauptet.

Als wir nach 14 Jahren Hohenau verließen, hatte sich das Verhältnis der katholischen Kirche zu uns Evangelischen auf wundersame Weise verändert. An die Stelle von Misstrauen und versteckter Feindschaft war Anerkennung und Respekt getreten, man wurde aufgewertet, wenn man zum Freundeskreis des Hohenauer Pastors zählte. Das kapierte selbst der Scharfmacher Pater H., der mich eines Tages bat, den monatlichen Schülergottesdienst vor zirka 300 Jugendlichen zu übernehmen. Als ich im dunklen Anzug daherkam, schickte er mich gleich wieder heim, ich solle Talar und Beffchen holen, damit es ein „richtiger" lutherischer Gottesdienst werde.

Man holte mich ins Seminar, um einen Vortrag über Martin Luther zu halten („Das können Sie viel besser als wir"), und als in der großen Stadtkirche von Encarnación eine Missionswoche durchgeführt wurde, durfte ich die Schlusspredigt halten, wobei mir der zuständige Stadtpfarrer eine Bibel schenkte und sich mit einem Bruderkuss vor dem Altar bedankte.

Ein absoluter Vertrauensbeweis war auch der Besuch des deutschen Paters und Rektors von Seminar und Landwirtschaftsschule. Dabei wollte er meinen Rat hören, warum der Laden bei ihnen nicht laufe. Er war ein sehr guter Mann, auch Kriegsteilnehmer und Soldat wie ich, sodass wir uns bestens verstanden. Ich konnte ihn dahin gehend beruhigen, dass ich ein Verschulden bei ihm nicht sah. Sondern eben in dem, auch in Kirchen oft üblichen, Kompetenz-Gerangel unter den Mitarbeitern, dessen Wurzeln gewöhnlich in Neid, fehlender Rücksichtnahme oder auch Dummheit liegen.

Zu neuen Ufern

So die passende Überschrift für den weiteren Teil meines Berichts. Man schrieb das Jahr 1975, als ich anfing, mir mit immerhin schon guten 50 Lebensjahren Gedanken zu machen über unsere Zukunft. Als Pfarrer einer argentinischen Landeskirche hatte es für mich keine Möglichkeit gegeben, mich und meine Frau durch eine Altersversorgung abzusichern. Dies wurde von meiner Dienststelle erkannt und dahin gehend verändert, dass ich von meiner ursprünglichen Heimatkirche in Württemberg offiziell in den Pfarrdienst übernommen wurde. Diese signalisierte aber, dass eine Rückkehr nach Deutschland angedacht werden könne, damit ich mit meiner langjährigen Auslandserfahrung auch bei ihnen noch etwas einbringen könne. Wir sagten zu und bereiteten uns auf diese Rückreise vor. Aber der Mensch denkt und Gott lenkt. Bei einer Konferenz in Buenos Aires nahm mich unser Kirchenpräsident am Arm und zog mich in sein Büro. Dort stellte er mich vor eine dort hängende Landkarte Argentiniens, deutete auf die weit im Norden liegende Provinz Chaco und erklärte, von dort hätten sie einen Brief erhalten. In diesem beklage sich ein Herr R. darüber, dass schon viele Jahre kein Reisepfarrer mehr zu ihnen gekommen sei. Es gäbe in ihrem ausgedehnten Gebiet noch zerstreute Reste deutscher Auswanderer evangelischen Glaubens, die ihre Kinder und Enkel taufen und christlich unterweisen lassen wollten. Soweit sein Vortrag. Dann wurde er konkret.

„Wir haben im Kirchenrat den Fall bedacht und kamen zu dem Beschluss, einen Kollegen dorthin zu entsenden, mit dem Auftrag nachzuprüfen, ob die Errichtung einer Pfarrstelle noch lohnend und auch zu verantworten wäre. Und dabei haben wir an dich gedacht. Und das im Wissen, wenn du es nicht schaffst, schafft es keiner mehr. Wir denken dabei an die Probezeit von einem Jahr." Da stand ich nun urplötzlich vor einer folgenschweren Entscheidung. Was sollten wir tun? Hier die bereits angelaufenen Vorbereitungen zur Rückreise nach Deutschland und dort ein Neuanfang, mit sehr ungewissem Ausgang. Dazu der Chaco, diese in Argentinien geradezu verrufene Provinz, gefürchtet wegen Hitze, monatelangen Dürrezeiten, Heuschreckenplage und Erdstürmen. Aber der Chaco, hier begannen die harten und doch so schönen Anfangsjahre meiner Auswanderung. Ich roch geradezu den heißen Nordwind und den Schweiß meines galoppierenden Pferdes. Und ich hörte wieder den klagenden Ruf der Nachtschwalbe aus dem geheimnisvollen Buschwald und das jammernde Konzert der Ochsenfrösche.

Der Chaco! Ja, da gab es kein Zurück, denn der freudigen Zustimmung meiner Frau war ich gewiss, die das kalte Deutschland immer gefürchtet hat. So kam nach 14 Jahren der nicht leichte Abschied von Hohenau. All meine Gedanken und Gefühle fasste ich zusammen in einem Abschiedslied, wo dies sein letzter Vers ausdrückt:

„Drum ihr Brüder, reichet euch die Hand,
Heimat war's, das uns verband,
treu Gedenken sei das Losungswort –
mög' es dauern immerfort."

Dann kam der Lastwagen und es ging wieder ins Gaucholand Argentinien, 600 km westwärts, wo wir uns in dem Landstädtchen Charata niederließen. Den Vorschlag meiner

Kirche, dort auf ihre Kosten ein Haus zu mieten, lehnte ich aus Sparsamkeitsgründen ab, nachdem ich schon bei einer vorherigen Erkundungsreise in Erfahrung gebracht hatte, dass sich am Ort ein sogenannter deutscher Verein mit dem stolzen Namen „Germanische Union" befand. Derselbe war in der Hitlerzeit entstanden und unterhielt eine Schule mit Internat für die Kinder der deutschen Einwanderer, die in abgelegenen Orten wohnten, wo es keine oder nur schlechte Schulmöglichkeiten gab.

Das recht ausgedehnte Gelände mit den Baulichkeiten wurde 1944/45, als auch Argentinien Hitlerdeutschland auf Druck der USA den Krieg erklärte, vom Staat konfisziert und für eigene Zwecke verwendet. Irgendwann wurde es wieder, völlig verwahrlost und einer Ruinenlandschaft gleich, der deutschen Gemeinschaft zurückgegeben, die unter großen Anstrengungen versuchte, das Internat wieder in Betrieb zu setzen. Dies gelang nur auf die Weise, dass die Kinder in Räumen, die eher einem Pferdestall glichen, untergebracht wurden. Hier standen die Betten, die mitgebracht werden mussten, in Reihen, für Schränke gab es keinen Platz. An einem Nagel, in die Wand geschlagen, hingen die armseligen Klamotten und durch kaputte Fensterscheiben fegte der heiße Chacowind, sodass man oft vor dem Zubettgehen den Staub mit einem Besen vom Bett herunterkehren musste. Diese Zustände, dazu verbunden mit einem Hungerlohn, waren natürlich mit die Ursache, dass eine geeignete Lehrkraft nicht gefunden werden konnte, und wenn doch, ergriff sie sehr bald die Flucht. So führte die „Köchin" (es gab außer Sonntags nur Eintopf) das Regiment über die 35 Jugendlichen. Und wenn sie die Tür des alten Kühlschranks nicht mit einem Strick zuband, machte sich die Katze über die Essensreste her und hinterließ noch, sozusagen als Dankeschön, ihre Markenzeichen in dicker und dünner Form. Es war unbeschreiblich. Aber es war ein Abenteuer erster Klasse. Deswegen schlugen wir zu und übernahmen für zwei Jahre die Leitung.

Im Osten graute bereits der Tag, als sich unser Fahrzeug dem Ziele nahte. Die vom Schlamm aufgewühlte Straße wurde alle 100 Meter beleuchtet von einer dreckigen Glühbirne, deren Reichweite nur bis zum nächsten Schlagloch reichte. Man hatte uns noch nicht erwartet, so wies man uns in einen Raum zu, der als Rumpelkammer seinen Dienst tat. Es sei nur provisorisch und für ein paar Tage, wurde uns erklärt. Dass daraus lange Wochen wurden, ahnten wir als alte Südamerikaner bereits. Die Wände waren teilweise so feucht, dass ein Verputz längst abgebröckelt war. Die eisernen Fensterrahmen waren verrostet und die Fensterscheiben hatten Sprünge oder sogar Löcher.

Da setzte sich meine Frau Marianne auf den einzigen, wackeligen Stuhl und ich sah, wie ein Tränenbächlein aus ihren Augen rann. Ach, es war alles so traurig. Auch mich packte dieses heulende Elend so, dass ich immer häufiger nach der großen Korbflasche griff, die mir ein *amigo* aus Hohenau zum Andenken mitgegeben hatte. Dabei war es im dortigen Wintermonat Mai eisig kalt und eine Heizung gab es nicht. Schließlich holte meine sehr praktisch veranlagte Frau Marianne einen ihrer Kochtöpfe aus der Kiste, stellte ihn in die Zimmermitte und entfachte darin ein Feuer. Als mir dann die dicken Rauchschwaden in die Nase stiegen und die Sicht nahmen, war ich als alter Musikant und Sänger versucht, nach meinem Akkordeon zu greifen und das zu diesem Szenarium so einzigartig passende Lied vom lustigen Zigeunerleben in die Gegend zu schmettern. Aber dann hätten mich sicher die Buben, die von draußen durch die vorhanglosen Fenster starrten, um zu sehen, was wir hier drinnen machten, für verrückt erklärt. Ja, und dann möchte ich dem Leser ein Örtchen nicht vorenthalten, das in der Regel immer etwas abseits steht. So auch hier. Es war das Klo. Ein wackeliges Bretterhäuschen, stand es im kniehohen Unkraut, Relikt vergangener Zeiten. Wollte der Benutzer die morsche Tür von innen schließen, musste ein Draht um einen Nagel gewickelt werden. Die Tür selbst war klugerweise im unteren Teil um zirka 20 Zentimeter gekürzt, was den Vorteil hatte, dass jeder weitere Kandidat schon von weitem informiert wurde, ob besetzt oder frei war. Er sah die Füße des momentanen Benutzers, der über einem in den Boden ausgemauerten Loch stand und versuchte, hineinzutreffen. Marianne verweigerte diese Art von Entsorgung und ging lieber „in die Büsche".

Es dauerte einige Wochen, bis wir in einen kleinen, für uns umgebauten Schuppen ziehen konnten. Und es war höchste Zeit, denn meine liebe Frau verlor allen Lebensmut. Doch, wie sagt der Spruch: „Immer wenn du glaubst, es geht nicht mehr, kommt von irgendwo ein Lichtlein her." Dieses Lichtlein bestand in der Verantwortung und aufkommenden Freude, die uns die Kinder machten. Zum Teil aus ärmlichsten Verhältnissen und oft zerrütteten Familien kommend, waren sie absolut anspruchslos und dankbar für dieses Gefühl von Geborgenheit und Fürsorge, das wir versuchten in ihnen aufzubauen.

Dazu verhalfen zweifellos und sichtbar die abendlichen Andachten, deren Beteiligung freiwillig war. Aber hier sprachen wir über Gott und seine Gebote, über ihre Probleme als Schüler und solche in ihren Familien, wir sangen Chorusse und beteten, und als die 7-jährige Helena (ihre Mutter war Prostituierte) das Lied „Gott ist die Liebe" in Deutsch auswendig gelernt hatte und uns vorsang, hatte sie damit den ersten Preis eines Wettbewerbs gewonnen. Dieser wurde ihr unter heftigem Applaus feierlich überreicht. Sie strahlte, es war eine Flasche Coca Cola.

Für mich war diese Zeit eine Hochschule der Pädagogik. Als wir im Internat anfingen, hatten wir nicht nur einen aus mancherlei Nationen zusammengewürfelten Haufen Jugendlicher vor uns, sondern geradezu eine Horde Wilder.

Sie haben sich geändert. Ob dies die Pfannkuchen ausmachten, die Marianne über dem offenen Feuer als Belohnung ausbuk, oder ob es die abendlichen Stunden waren, wo sich die Kerle in meine Bude drängten, um sich über meine Lausbubenstreiche oder auch Kriegserlebnisse berichten zu lassen, das kann ich nicht sagen. Aber dass es in unserer Situation das Richtige war, wurde mir von ihren Eltern bestätigt. „Was haben Sie mit unseren beiden Jungen gemacht?", so eines Tages ein Ehepaar. „Die sagen nach dem Essen: ‚Mama bleib sitzen, den Geschirrabwasch machen in Zukunft wir.'"

Nach einem Jahr kam der zuständige Vorsitzende des Vereins zu mir, mit der Mitteilung, dass man uns nicht mehr erlauben wolle, weiterhin christliche Andachten zu halten. Dies wegen der Rücksichtnahme auf die Kinder nicht evangelischer, also katholischer Religion. Ich hörte mir das an und antwortete kurz: Sie sind hier der Hausherr. Aber sagen Sie ihrer Vorstandschaft, dass wir nächste Woche nicht mehr da sind. Dies, weil wir eine Erziehung ohne christliche Grundlage für wertlos halten.

Die Nachricht über dieses Verbot war schnell bekannt, da traten die Kinder in den Streik mit dem Vorsatz: „Dann hauen wir auch ab!" Wir hielten noch eine Andacht in unserem privaten Wohnzimmer, wo die vielen Kinder sehr gedrängt auf dem Boden und auf Kisten saßen, dann erschien schon am folgenden Tage erneut der verlegene „Hausherr" mit der Rücknahme seines Verbotes. Unser Weggang wäre für ihn und den ganzen Verein eine große Blamage gewesen, denn das ganze Vereinsareal hatte inzwischen ein völlig anderes Gesicht bekommen. Anstatt Unkraut, Hecken und Müllhaufen sah man einen geordneten Rasen mit Sitzbänken (dazu verwendeten wir ausgediente Eisenbahnschwellen), an den Bäumen hingen alte Autoreifen, bunt angestrichen, aufgefüllt mit Erde und eingepflanzten Blumen und der große graue Bau war weiß gekalkt mit einem rot gestrichenen Dach.

In der Stadt sprach man schon von einem Park, sodass nicht nur die Internatskinder, sondern auch die Einwohner stolz wurden auf diese neue Sehenswürdigkeit. Bleibt zu sagen, dass wir keinerlei Mittel für diese Verschönerungen hatten. Alle Arbeiten verrichtete ich mit Hilfe der Kinder und dies auf rein freiwilliger Basis. Niemand wurde gezwungen und keiner kommandiert. Das Gebot zur freiwilligen Hilfe sollte in ihnen geweckt und gepflegt werden, denn wer damit durch das Leben geht, wird selber auch immer Hilfe und Zuneigung erfahren. Zu diesem Lehrstück gehört aber unweigerlich, dass der Lehrer selbst seinen Schülern mit einem entsprechenden Beispiel vorangeht.

Unsere Zeit in Charata ging wie geplant nach zwei Jahren zu Ende. Auch eine langsam wachsende Kirchengemeinde hatte sich so entwickelt, dass ein junger Pastor als Nachfolger eingeplant und auch gefunden werden konnte.

Der Abschied von den Kindern fiel uns nicht leicht. Mit einigen stehen wir bis heute noch in Kontakt. So mit Marcelo, dem Facharzt für Odontologie, der als gläubiger Christ sehr aktiv in seiner katholischen Gemeinde mitarbeitet, aber auch mit dem so wilden Michael, der wie ein Affe auf den höchsten Bäumen herumturnen konnte. Er wurde Berufssoldat bei den

Fallschirmjägern und schrieb mir später einmal: „Wenn ich vor meinen Rekruten stehe, dann gebe ich ihnen das weiter, was Sie uns damals gesagt haben."

Dann wurden die Kisten auf einen sehr mitgenommenen Lastwagen verladen, dem man nur wünschen konnte, dass er die 1000 km bis zum Schiffshafen Buenos Aires noch schaffte. Man trug mir noch den Ausspruch des Stadtkämmerers Katz zu (er war Jude und wir wurden gute Freunde): „Wenn der Held noch eine Weile hier geblieben wäre, würde ganz Charata evangelisch!"

Auch hier verabschiedete ich mich mit einem Lied. Sein letzter Vers:

> „Chaco-Land, so gerne steht zu dir mein Sinn,
> auch aus weiter Ferne zieh'n Gedanken hin".

Dass wir nach neun Jahren noch einmal zurückkehren würden, dachte keiner.

Es geht der Heimat zu

Ein persisches Sprichwort sagt: „Wenn Gott einen Armen erfreuen will, lässt er ihn seinen Esel verlieren und wiederfinden." So erging es uns, als wir nach langen Wochen auf dem Ulmer Zollamt unsere Kisten wiedersahen.

Als neues Arbeitsfeld hatten wir uns das Dorf Scharenstetten auf der Schwäbischen Alb auserwählt. Als wir in der Wahl zwischen verschiedenen Dörfern standen und in Scharenstetten beim ersten Besichtigungsgang durch die Kirchstraße gingen, blieb Marianne plötzlich neben einem großen Misthaufen stehen und sagte: „Hier bleiben wir, hier riecht´s so schön nach Mist." Und so geschah es, denn ein Leben in der Stadt konnten wir uns nicht vorstellen. Nach all den wilden Jahren in Südamerika traute ich mir im so gesitteten und alles durchorganisierenden Deutschland einen erfolgreichen Einstieg kaum noch zu. Groß war darum mein Erstaunen, als nach meiner Antrittspredigt der Oberbürgermeister von Ulm zu mir in die Sakristei kam, sich bedankte und sagte: „Sie gehören nicht hierher, sondern in das Münster von Ulm."

Es war alles so ganz anders für einen, der nur das einfache Leben kannte. Deswegen fiel er in der Gesellschaft auf. So auch, als man im großen Pfarrhaus die veralteten Einzelöfen gegen eine zentrale Heizung wechseln wollte. Als mir die damit verbundenen Kosten genannt wurden, winkte ich ab. Zu was! Wenn mein Vorgänger damit zufrieden war, bin ich´s auch. Und weil das Pfarrhaus leer stand und wir keine Möbel hatten, bat ich in meiner Einfalt im näheren und weiteren Bekanntenkreis um gebrauchte Möbel, ohne zu ahnen, was auf mich zukam. Die gute Tat, so dachten nicht wenige, die schon seit einiger Zeit ein neues Schlafzimmer oder einen moderneren Küchenschrank anschaffen wollten. Das ist die Gelegenheit. Und sie kamen. Als dann das fünfte Sofa angeliefert wurde, zog ich die Notbremse. Ich hatte nicht gewusst, dass der Wohlstand den Menschen derart verändern kann.

Im Kampf gegen Rom setzte allerdings eine längere Ruhepause ein. Die katholische Kirche in Deutschland war eine andere als die südamerikanische. Das Wunderblümchen Ökumene blühte sichtbarer im kunterbunten Garten des christlichen Miteinanders. Längst stellte eine Konfession der andern ihre eh immer lichter werdenden Kirchenräume zur Verfügung, gemeinsame Amtshandlungen wie Trauungen oder Beerdigungen wurden immer gebräuchlicher, kurzum, man hatte sich arrangiert.

Durch meine Erfahrungen in der sogenannten Dritten Welt wurde ich immer häufiger um Vorträge angefragt, dies besonders für Seniorenkreise beider Konfessionen. Sie gingen in die Hunderte. Da ich weiterhin Lieder auch schwäbischer Art komponierte, was dann mehrere Sendungen im Rundfunk zur Folge hatte wie auch die Herstellung von Musik-Kassetten, blieb ich im süddeutschen Raum kein Unbekannter.

Aber die Jahre vergingen, und schon mussten wir uns Gedanken machen darüber, wo wir unseren Lebensabend verbringen wollten. Aber weil ich praktisch ein Leben lang immer der Bestimmende war, kam dieses Mal Marianne zum Zuge. Sie sollte wählen. Und sie entschied sich sofort und ohne lange Überlegung für Südamerika. Ihre Argumente waren missionarischer Art. „Drüben sind die Menschen wohl arm und im Denken einfacher und scheinbar primitiver. Aber muss man nicht so sein, um nach diesem – wie Jesus sagte – für die Armen gepredigten Evangelium Verlangen zu haben, damit man es ergreife?"

Nur war die Frage: Für welches der beiden Länder, in denen wir gelebt hatten, sollten wir uns entscheiden? Argentinien oder Paraguay? Wir entschieden uns für Argentinien. Zweite Frage: Wo wollten wir uns niederlassen? Hier endeten unsere Pläne im Chaco und genauer gesagt in der Nähe der Stadt Charata, die uns ja bereits bekannt war. Dort war das Land so billig, dass ich mit unseren Ersparnissen 100 Hektar kaufen konnte. Das sind ein Kilometer im Quadrat, davon die Hälfte unberührter Urwald. Ach, wie schlug mein Herz höher, als ich mir die Pferdeherde vorstellte, die einmal darübergaloppieren würde. Der Kaufpreis lag bei 40.000 D-Mark.

Ein dortiger Vertrauensmann hatte für uns den Kauf getätigt und mir blieb nur noch das komplizierte Problem: Wie schaffe ich diese Summe nach Charata? Ich wusste von meinem früheren Arbeitgeber, der Evangelischen Kirche am La

Plata, dass sie in Sachen Geldüberweisungen erfahren war, so bat ich um die Möglichkeit, meine Schuld über ihr Konto in Deutschland zu überweisen. Dies wurde mir vom zuständigen Finanzbuchhalter gerne zugesagt. Und so geschah es, aber das Geld kam nie in Charata an, es landete in seiner Tasche. Es stellte sich im Nachhinein heraus, dass er mit noch größeren Summen spekuliert und verloren hatte. Der Landkauf konnte am Ende trotzdem noch realisiert werden, weil mir gute Menschen dazu verhalfen. Ich aber fühlte bereits wieder den heißen Wind um meine Nase wehen. Nicht nur den des verrufenen Chacos, sondern auch den eines moralischen Klimas, dessen Markenzeichen Korruption heißt.

Zurück nach Südamerika

Mai 1988. Erneut stand ein Container vor dem Pfarrhaus und viele eifrige Helfer waren dabei, unser Mobiliar hineinzustopfen. Als er Richtung Hamburg davonfuhr, blieb aus Platzmangel ein einziger Stuhl im Hof zurück. Auf den setzte ich mich gedankenschwer. Was bringt uns die ungewisse Zukunft, was kommt jetzt noch an Überraschungen? Doch schnell wurde ich wieder auf den Boden der Wirklichkeit zurückgeholt, als wir feststellen mussten, dass die Möbelpacker alles, also auch unsere Reisekleidung, weggepackt hatten. So verabschiedeten wir uns in den gebrauchten Klamotten, die uns sofort von Freunden geschenkt wurden.

„Lebe wohl, du heimeliges Dorf auf der Alb. Und auch du, lieber Lindenbaum, den man mir zu Ehren vor deinen Toren gepflanzt hatte. Blühe immerzu und erzähle denen, die nach uns kommen, von Treue und Beständigkeit."

Aber für uns folgte schon der nächste Streich. Als wir in Buenos Aires angekommen waren und bei der Zollbehörde die Abfertigung und Freigabe unseres Containers veranlassen wollten, schüttelte der Beamte mit dem Kopf. Wir waren durch eine Angestellte des argentinischen Konsulats in Frankfurt informiert worden, dass unserer Einreise nichts im Wege stehe, da wir ja früher in diesem Land angesiedelt gewesen seien. Nun stellte sich heraus: Das war falsch. Durch unsere längere Abwesenheit hatten wir das Aufenthaltsrecht verloren, so erklärte uns der Beamte, jetzt seien neue Anträge auf Einwanderung erforderlich. Im Gedenken an unsere erstmaligen Einwanderungsbemühungen im Jahre 1950 packte mich ein wahrer Schrecken. Denn alle damaligen Nachweise und Urkunden lagen im verschlossenen Container, und der wiederum stand im für uns abgesperrten und somit unzugänglichen Zollgelände des Hafengebietes von Buenos Aires, bei einer täglichen Standgebühr von 10 US-Dollar.

Auf all meine Erklärungen und Bitten schüttelten der Beamte und ebenso der herbeigerufene Vorgesetzte nur bedauernd den Kopf – es geht nicht. Es folgten Wochen der Angst und Verzweiflung, wo wir mithilfe von einflussreichen Personen hofften, doch noch den so nötigen Einwanderungsstempel in die Pässe zu bekommen. Beinahe täglich fuhren wir zur Zollbehörde, und immer hieß es „keine Neuigkeit". Schon befassten wir uns ernstlich mit dem Gedanken „zurück nach Deutschland", da kam mir die Idee, bei einem letzten Versuch die Sterbeurkunde unseres 1955 in Buenos Aires verstorbenen Kindes vorzuzeigen, die ich glücklicherweise im Reisehandgepäck mitgenommen hatte. Wieder standen wir vor den Sekretärinnen des Chefs. Als ich ihnen erzählte, dass unser Junge ja Argentinier gewesen sei und auf dem riesigen Stadtfriedhof von Buenos Aires liege, da wurde ich in Erinnerung an diese schwere Zeit und mit meinen kaputten Nerven so traurig, dass mir die Tränen kamen. Ich sah noch, wie auch sie irgendwie ergriffen wurden, ehe sie uns nach Hause schickten mit der Bemerkung, morgen wiederzukommen.

Es war dann schon sehr spät am Abend, als in unserer Gastwohnung das Telefon läutete und sich zu meiner Verwunderung eine der Damen vom Zoll meldete. Sie sagte wörtlich: „Ich habe für Sie eine gute Nachricht, die sollen Sie gleich hören, damit Sie in der Nacht ruhiger schlafen können. Kommen Sie morgen mit ihren Pässen, der Chef hat Ihre Einwanderung genehmigt."

Da musste ich wieder heulen, aber diesmal vor Freude und Ergriffenheit darüber, dass es noch Menschen gibt, die das Leid anderer so bewegt, dass sie dem Rad der Verordnungen und Gesetzlichkeiten mutig in die Speichen greifen und damit das tun, was Jesus als Nächstenliebe bezeichnet hat. Auch zu ihm stieg mein heißes Dankgebet gen Himmel.

Was war das für ein erhebendes Gefühl, als wir das Land unserer neuen und, wie wir glaubten, endgültigen Heimat betraten und als wir unser Sorgenkind, den Container, durch das Tor schaukeln sahen. Und da standen auch schon die Helfer zum Abladen, unter ihnen ehemalige Schüler des Internats. Auch sie waren um zehn Jahre älter geworden, aber die Freude des Wiedersehens war bei allen groß. So machte es uns gar nichts aus, die ersten Nächte auf dem Boden unseres neu erbauten Hauses zu schlafen. Unsere *amigos*, darunter auch die Maurer, suchten im nahen Wald gleich dürres Holz zusammen und machten nach Einbruch der Dunkelheit ein Feuer. Hier saß man und wärmte sich, und schon klimperte Nicasio (ein waschechter *Quichua*-Indianer) auf seiner Gitarre herum und wir sangen Chorusse von einst. Ach es war herrlich, Südamerika hatte uns wieder.

Die wenige Kilometer von uns entfernte Stadt Charata hatte sich während unserer zehnjährigen Abwesenheit nicht wesentlich verändert. Das Internat des Deutschen Vereins wurde schon kurz nach unserem Weggang wieder außer Betrieb gesetzt und stand verlassen und verkommen da, wie einst in Unkraut und Hecken. Und auch die von mir angefangene kirchliche Gemeindearbeit versandete im Bedeutungslosen, obwohl man eine Kirche mit Gemeindesaal zum Teil noch durch meine Initiative gebaut hatte. Mein Angebot zur Mithilfe wurde aber stillschweigend abgelehnt. Dagegen warnte man vertraulich die zusammengeschrumpfte Gemeinde vor dem, wie man meinte, viel zu aktiven und dadurch dem jetzigen Amtsinhaber gefährlich werdenden Held. Ich habe dieses Ereignis jetzt sehr bewusst erwähnt, davon überzeugt, dass Eigenschaften wie Neid und Hinterhältigkeit nicht nur in Rom, also der katholischen Kirche vorkommen, sondern ebenso in jeder anderen menschlichen Gesellschaft. So natürlich auch in evangelischen Kirchen und frommen Gemeinschaften. Sie dürften mit der Grund sein, warum die christliche Friedensbotschaft von mancher suchenden Seele abgelehnt wird. Jedenfalls entmutigte mich dieses Verhalten und machte mich traurig. Denn wenn die giftigen Pfeile aus der eigenen Truppe kommen, fühlt man sich verraten und verkauft.

So wie in allen Städten und Dörfern Südamerikas im Zentrum eine mehr oder weniger gepflegte *plaza* steht, also eine parkähnliche Baum- und Blumenanlage, meist mit dem Denkmal eines Gründers oder Staatsmannes, so findet man dort auch die katholische Hauptkirche mit der dazugehörigen Parochie. In Charata wohnten und amtierten hier drei Priester, alle polnischer Herkunft.

Sehr schnell sprach sich unsere Ankunft in der Gegend herum, und es dauerte nicht lange, da kamen schon die ersten Bittsteller. Die *Alemanes* (Deutschen) hatten Geld und waren leicht anzusprechen auf Hilfen jeglicher Art, besonders, wenn man dabei noch die Tränen fließen ließ. Und wenn einer noch Pastor war, konnte er doch schon von Berufs wegen nicht Nein sagen. So die allgemeine Meinung der armen Leute.

Und sicherlich hatten sie recht. Durch meine vielseitige Vortragstätigkeit in Deutschland hatte ich einige Tausend D-Mark zusammengesammelt, so dass ich manchem helfen konnte. Wenn es dabei auf Leben und Tod ging, stand eine Hilfe außer Frage. Wie zum Beispiel, wenn der Arzt ein schwerkrankes Kind nicht weiter behandeln wollte, weil die Eltern nicht das Geld aufbrachten, die für die Operation notwendige Bluttransfusion zu bezahlen. Oder den für eine Röntgenaufnahme nötigen Film, der im Fotogeschäft zu kaufen und mitzubringen war.

So besuchte mich eines Tages auch der Pater Felix von der Stadtkirche. Dass dies kein reiner Höflichkeitsbesuch war, offenbarte seine Bitte um ein Stück Rindvieh. Wir hatten ein paar Kühe auf unserem Land, das hatte er erfahren. Dazu muss gesagt werden, dass die katholischen Pfarrer ein festes Gehalt nicht hatten. Sie lebten praktisch von den Einnahmen der Kirchenopfer und waren gezwungen, für die besonderen Dienste wie Taufen, Trauungen und Beerdigungen eine Gebühr zu verlangen. Dazu kamen Gebäudereinigungen und Reparaturen, sodass der öfters zu hörende böswillige Spruch „die Kirche sei auch nur ein Geschäft" absolut nicht zutraf. Schwierig mit der Geldbeschaffung wurde es für den Priester immer dann, wenn größere Reparaturen anstanden. Um zusätzliche Mittel zu beschaffen, wurden Gemeindefeste organisiert, bei denen der über dem Feuer gebratene Ochse nicht fehlen durfte. Das alles war mir bekannt, deswegen verstand ich den bittenden Felix recht gut.

Trotzdem bekam er auf Anhieb die Kuh nicht. Und das aus dem einfachen Grund: Er trug die Uniform meines „Feindes", also die der katholischen Kirche. Daher war höchste Vorsicht geboten. Wenigstens so lange, bis der Gegner durchschaubar war. Ich kam aber bald dahinter, dass Felix als glaubwürdiger Christ nicht zu dieser Klasse von Polen gehörte, die fanatisch alles ablehnten, was nach Luthers Reformation roch. Ebenso wenig fand ich bei ihm diesen Deutschenhass, wie er mir gerade aus dieser Richtung mehr als einmal begegnet war. Dies wurde die Grundlage zu unserer Freundschaft, mit dem Ergebnis, dass er immer zu mir kam, wenn er etwas brauchte. Ob es das Baumaterial für eine Schule war, die er in einer Indianersiedlung errichten ließ, oder die Lebensmittel für eine Kinderspeisung. Ich half, wenn ich konnte.

So beim Bau eines Gotteshauses in einem Vorort der Stadt. Der Rohbau stand, aber zum Weiterbau fehlte das Geld. Wie fröhlich zog mein Freund von dannen, nachdem ich ihm die entsprechende Summe zugesagt hatte.

Die Einweihung fand ein Jahr später statt und wurde gebührend vorbereitet. Sogar der Bischof sagte seine Teilnahme zu. Wie anzunehmen war, bekam auch ich eine Einladung. Da mir aber ähnliche öffentliche Feierlichkeiten hinlänglich bekannt waren, durch ein stundenlanges Warten und Herumstehen, oft in praller Sonnenhitze, wollte ich mich stillschweigend davor drücken und nicht hingehen. Nur nach einer nochmaligen dringenden Einladung von Felix änderte ich meinen Vorsatz. Als ich mich an diesem Sonntag dem Festplatz näherte, standen die Menschen schon dicht gedrängt in der heißen Morgensonne und warteten. Nachdem bereits, wie üblich, eine lange Zeit des angesagten Programms verstrichen war, ohne dass der Bischof eintraf, schlängelte ich mich durch die Menge und wollte nach

Hause. Da ertönte plötzlich ein Lautsprecher und rief den Pastor Held zum Eingangsportal der Kirche. Jetzt musste ich notgedrungen umkehren.

Am mit Girlanden geschmückten Portal standen mein Felix und der Bischof. Nachdem ich ihm als der Promotor dieses Projektes vorgestellt wurde, nahm mich der Bischof in die Arme und bedankte sich. Dann drückte man mir eine Schere in die Hand mit der Anweisung, das durch das Portal gespannte Band durchzuschneiden und somit dem wartenden Volke den feierlichen Einzug in das Gotteshaus zu ermöglichen. So geschah es. Und weil diese Prozession bereits in Bewegung war, blieb mir nichts anderes übrig, als mit feierlichen Schritten, zusammen mit dem vorausziehenden Kreuzesträger, in die Kirche einzuziehen, den Bischof im Rücken. Da mir das selbst nicht protokollgerecht schien, schlug ich mich, vor dem Altar angekommen, schleunigst in eine Seitenbank.

Nach Beendigung der Feierlichkeiten bat ich noch um das Wort. Gespannt schaute die zahlreiche Besucherschaft auf, als ich an das Mikrofon trat. Und ein wohlgefälliges Raunen ging durch ihre Reihen, als ich ihnen zu ihrem so aktiven und beliebten Pater Felix von Herzen gratulierte, auch der Bischof lächelte zustimmend. Doch bei meinem nächsten Satz erstarrten die Gesichter. Er lautete ungefähr so: „Liebe Freunde und Mitchristen, ich bin wohl weit in der Welt herumgekommen, habe dabei aber nie einen größeren Bettler gefunden als euren Pater Felix!" Lautlose Stille im Saal. Doch sehr schnell setzte ich Luthers Bekenntnis hinzu, dass wir alle und ohne Ausnahme Bettler von Gottes Gnade seien, und dass, wie die Geschichte zeige, große Liebeswerke immer und nur dann entstehen konnten, wenn Menschen sich, so wie einst der deutsche Pfarrer Freiherr von Bodelschwingh, dazu gebrauchen ließen zu betteln. Er schuf damals mit diesen Mitteln die größte Behindertenanstalt Europas, Bethel – mit tausenden von Pfleglingen, sie existiert bis zum heutigen Tage. Betteln um Gottes Willen ist nicht nur erlaubt, sondern eine Tat der Nächstenliebe. Deswegen nochmals meine Gratulation zum Felix. Jetzt ging ein lautes Lachen und heftiger Applaus durch die Kirche. Sie signalisierten mir: „Diese Schlacht ist gewonnen!" Aber der Kampf war noch nicht zu Ende.

VI. Weitere Schlachten

Durch meine ständig zunehmenden Kontakte mit der Bevölkerung von Charata besuchte ich Familien, die in den ärmlichsten Verhältnissen nicht wohnten, sondern geradezu hausten. In *Ranchos*, also aus Lehm, Bruchsteinen, alten Blechen und Ästen zusammengebauten Wänden lebten kinderreiche Familien in einem Raum, oft nicht größer als zwölf qm. Sie schliefen alle zusammen auf einem zusammengenagelten Brettergestell und alten Matratzen, die man auf dem Müllplatz gefunden hatte. Stolz zeigte man mir ein Huhn, das man mit einer Schnur am Bein angebunden hatte, damit es nicht vom Hunger getrieben zum Nachbarn und somit in seinen frühen Tod lief. Seine Bude stand beinahe Wand an Wand. Ebenso konnte ich beobachten, wie man zwischen den Ranchos eine Fläche von zwei bis drei qm umgegraben hatte und darauf Schnittlauch, Petersilie oder gar Kartoffeln gepflanzt hatte.

Nachdem ich anfangs damit begann, den Wohnraum der Familien zu vergrößern oder einfach ein Zimmer anzubauen, wuchs in mir der Gedanke, solchen Familien ein menschenwürdigeres Wohnen zu schaffen. Dazu gehörte auch ein Stück Gartenland zum Gemüseanbau und für Kleintierhaltung. Neben einer Selbstversorgung sollte damit auch für die meisten der nur als Zeit- und Erntearbeiter beschäftigten Männer eine Arbeitsmöglichkeit geschaffen werden, die ansonsten sehr oft ihre bescheidenen Mittel in Alkohol umsetzten.

So kaufte ich in der Stadtnähe 16 Hektar Ackerland zum Preis von 3.000 US-Dollar. Das sind 400 Meter im Quadrat. Darauf wollte ich dreißig Familien ansiedeln. Jede einzelne Parzelle wurde mit 50 x 100 Meter vermessen. Als ich das Land ins Grundbuch eintragen lassen wollte, erfuhr ich zu meinem Schreck, dass der eigentliche Besitzer des Grundstücks die Stadt Charata und nicht der Verkäufer war, der nur viele Jahre darauf gewohnt hatte. Als aber der Stadtrat von meinen guten Absichten erfuhr, wurde es sofort und anstandslos auf mich überschrieben.

Geradezu schwierig wurde mein Unternehmen, als ich an die natürlich kostenlose Verteilung der Grundstücke gehen wollte. Die misstrauischen Kandidaten kamen nicht. Wo gab es denn so was, dass man etwas geschenkt bekommt, der *Aleman* will uns reinlegen, der kommt nachher mit einer Rechnung.

Er kam natürlich nicht. Aber er konstruierte das erste Zimmer eines Musterhäuschens und ließ es, mit dem Fundament für zwei weitere Zimmer, von seinen Indianer-Maurern aufrichten. Jetzt kamen sie, zogen in das Zimmer ein und konnten, wenn sie fleißig und sparsam waren, irgendwann das Haus in seiner einfachen Weise fertigstellen. Nach dem Grundsatz: Erste Hilfe ja, sonst wird nicht angefangen, aber mit dem Anreiz, dass sie nachher selber weitermachen, also Hilfe zur Selbsthilfe. Oberstes Gebot für jedes Hilfsprojekt in der Dritten Welt.

Im Laufe der ersten Jahre wuchs die Zahl der Siedler so, dass wir gezwungen waren, die Grundstücke von solchen Bewohnern zu halbieren und neu zu verteilen, die aus irgendwelchen Gründen nicht in der Lage waren, sie zu bearbeiten oder in Ordnung zu halten. Der heutige Stand (2013) ist folgender: Auf den 16 Hektaren stehen 130 Wohnhäuser, eine Hauptschule mit 600 Schülern, ein Kindergarten mit 50 Kindern, eine Krankenstation sowie ein Speisesaal mit Küche. Die hohen dazu aufgebrachten Mittel der Anlagen stammen durchweg von Spenden deutscher Freunde, die sich in einem Förderkreis organisiert haben.

Aber in den Anfangsjahren trug zur Finanzierung folgendes bei: Als ich der Siedlung den Namen meiner Heimatstadt Ulm gab, geschah dies natürlich auch mit der Absicht, dass ich Hilfe von dort bekam. Und so war es. Gleichzeitig nahm ich den Ulmer Landkreis ins Visier, indem ich einen Großteil der dazu gehörenden Dörfer (60) anschrieb und dem jeweiligen Gemeinderat versprach, bei einer Spende, egal wie groß oder klein, ein Häuschen nach seinem Dorfnamen zu benennen. Die Reaktionen waren sehr interessant. Die meisten gaben etwas (100 oder 200 DM). Nur einige entschuldigten sich auf Grund ihrer schlechten Finanzlage. Eine Gemeinde jammerte so, dass ich geneigt war anzufragen, ob ich ihnen Brot schicken solle! Übrigens kamen die besten Spenden aus katholisch geprägten Dörfern. Respekt und Hut ab! Auch das war Rom.

Jedenfalls bekam jedes Häuschen über der Eingangstür eine schön polierte Baumscheibe angebracht mit einem der 130 zum Landkreis gehörenden gemalten Dorfnamen.

Wettbewerbe wie „Unser Dorf soll schöner werden" mit Preisverteilung animierten die Bewohner, Bäume und bunte Blumen zu pflanzen, sodass die Siedlung Ulm auch für die Stadt Charata selbst zum Ausstellungsstück avancierte. Schon kamen auch umliegende Städte zur Besichtigung und mit der Bitte, ob ähnliches nicht auch bei ihnen zu machen sei.

Aber wer immer wieder auch zu Besuch kam, war Pater Felix. Bei der bereits alt gewordenen Stadtkirche war das Dach so undicht geworden, verursacht durch die verrosteten und undichten Wellbleche, dass der Regen freien Zugang hatte. Hier musste gehandelt werden. Das überzeugte auch den Don Federico (wie ich allgemein genannt wurde), deswegen bekam der Felix seine neuen Bleche und die rote Dachfarbe mit dazu. Wieder einmal tauchte er bei mir auf, dieses

Mal, wie er sagte, mit einem besonderen Anliegen. Da sei vor kurzem eine deutsche Besuchergruppe aus Württemberg durch Argentinien gereist und auch nach Charata gekommen. Der Reiseveranstalter war die Diözese Rottenburg, beabsichtigt war der Besuch von katholischen Gemeinden in Südamerika. So habe er der Gruppe auch die Siedlung Ulm gezeigt, worauf die Frage gekommen sei, warum es dort noch keine katholische Kirche gebe, nachdem doch der Hauptteil der Bewohner dieses Glaubens sei. Als Felix auf die fehlenden Mittel hinwies, kam der Vorschlag: Stellen Sie nach Schilderung der Lage einen Antrag auf Hilfe beim Bischof in Rottenburg, wir werden denselben befürworten und direkt dort abgeben. Und so geschah es. Als Richtwert für den Bau gab Felix 20.000 US-Dollar an.

Ich stellte ihm für sein Vorhaben sofort ein großes Grundstück zur Verfügung und er ließ ebenso rasch einen Bauplan ausfertigen. Dann hieß es warten und Geduld haben, schließlich wurde auch Rom nicht an einem Tag erbaut. So vergingen Monate. Schließlich ging mir die Sache zu lange. Als ich immer wieder von Felix hören musste, es sei noch keine Antwort gekommen, begann ich zu zweifeln. Ob der Antrag nicht in irgendeiner Büromappe liegen geblieben oder gar schon abgelehnt war? Also schrieb ich nach Rottenburg und bat, nach einem kurzen Lagebericht, um eine Antwort. Und die hatte ich postwendend. Der dortige Generalvikar schrieb wörtlich: „Wir bekommen jeden Tag einen ganzen Sack voll Post und Bettelbriefen. Aber Ihr Brief war so nett und lustig, dass er uns zum Lachen brachte. Teilen Sie uns bitte mit, wie viel wir dem Pater schicken sollen!" Au, das war ein Volltreffer. Natürlich ging diese Mitteilung postwendend nach Rottenburg, wobei ich die von Felix angegebene Summe von 20.000 US-Dollar auf die Hälfte reduzierte, nach dem

Grundsatz: „Wer zu viel bekommt, wird schneller bequem als derjenige, der noch etwas braucht". Bleibt zu sagen, dass die 10.000 US-Dollar in kürzester Zeit nicht über das Konto von Felix, sondern über mein Bankkonto kamen. Und ebenso, dass der Felix nicht aus dem Staunen darüber herauskam, wie es möglich sei, dass man von katholischer Seite aus einem protestantischen Pfarrer mehr Glauben und Vertrauen schenke als einem geweihten Priester. Ich beruhigte ihn mit dem Hinweis, dass dies wohl mit der Nationalität zusammenhänge, weil man unter Landsleuten logischerweise besser kommunizieren könne.

Auch diese Geschichte brachte mich in punkto Lebensweisheit ein Stückchen weiter und lehrte mich: „Bring einen Menschen, von dem du etwas willst, zum Lachen und er wird schwerer ein Nein über seine Lippen bringen".

Die Kirche wurde gebaut und in Anwesenheit des Bischofs eingeweiht. Ich hatte mich bei der Messe gewohnheitsmäßig auf eine der hinteren Reihen gesetzt, da kam der Bischof, nahm mich bei der Hand und geleitete mich vor den Altar, wo ein Ehrenplatz für mich reserviert war. So konnte ich mich auch hier wieder freuen über den gelungenen Sieg der Großmut über diese oft so unfruchtbare Kleinkrämerei der Konfessionen.

Wieder heiraten?

Auch nach dem Unfalltod meiner Frau Marianne (1951) schlug mir so viel echtes Mitgefühl von der Priesterschaft entgegen, dass ich wahren Trost empfand. Trotzdem kam eine harte Zeit. Ich saß allein und verzweifelt auf meiner Ranch, „unrasiert und fern der Heimat" (wie es in einem Lied heißt). Wie fehlte mir die tägliche und so gewohnte Ansprache und Fürsorge meiner Frau, ich hörte nicht mehr den heimatlichen Klang unserer schwäbischen Muttersprache und litt sehr unter der Einsamkeit, die mich gepackt hatte wie eine Droge. Sie macht die Seele traurig und mutlos. Das heißt, der Betroffene verliert allen Mut und er wird, wie das Wort sagt, schwermütig. So sah es in mir aus. Mein Verbrauch an Bier stieg, denn ich hatte gemerkt, dass ich nach einigen Flaschen in das dunkle Reich des Vergessens abkippte. Zum Essen kochte ich mir eine Suppe und die Wäsche wusch eine Nachbarin.

Vielleicht wird in diesem Zusammenhang verständlich, warum ein angeschlagener Mensch sich derart verändern kann, dass er keinerlei Wert mehr legt auf Gut und Geld, auf Kleidung und Aussehen. Diesen Niedergang kapierte auch so mancher Bittsteller, weil er gemerkt hatte, dass der Don Federico immer freigiebiger wurde und dass man ihn immer ausgiebiger belügen, betrügen und auch bestehlen konnte. Er war ja eh nur noch zur Hälfte präsent und somit nicht mehr in der Lage, die einzelnen Bittgesuche auf ihre Richtigkeit nachzuprüfen, wie das zuvor immer geschehen war.

Es verging ein Jahr, da bekam ich den Besuch eines früheren Pfarrkollegen und guten Freundes, der, wie er sagte, einmal nach mir schauen wollte. Das tat er, und als wir abends auf einem Baumstamm vor unserem Häuschen saßen und plauderten, sagte er plötzlich: „Federico, das geht mit dir so nicht weiter, du verkommst hier. Deswegen gebe ich dir den guten Rat: Fahr rüber ins Schwabenland und such dir eine gute Frau!". Dann reiste er wieder zurück nach Deutschland. Ich aber saß da und überlegte. Eine Frau suchen, 65 Jahre alt, wie macht man das? Mit 25 war das kein Problem, aber in diesem Alter, wo das Leben doch schon beinahe vorbei war? Gibt man eine Annonce in der Zeitung auf, erkundigt man sich im näheren und weiteren Bekanntenkreis nach einer passenden Kandidatin und bittet um Mithilfe? Oder kauft man einen großen Strauß roter Rosen und klingelt an der Haustür einer Witwe, drückt ihr die Blumen in die Hand und sagt: „Ich liebe dich!"?

Ja, wie macht man das? Waren dies nicht die Illusionen und Luftgespinste eines Don Quijote, die man in Angriff nehmen wollte so wie jener die Windmühlen? Und würde man dabei von ihnen nicht Prügel, sprich einen Denkzettel bekommen in Form von blauen Flecken und dem Gespött der noblen Gesellschaft?

Ich habe es gewagt und bin angeritten. Nur, wie es in meiner Natur liegt, wieder zu schnell. Und weil der Leser mir bisher so treu gefolgt ist, darf er auch das gute Ende dieses Abenteuers erfahren.

In meiner ehemaligen Gemeinde Scharenstetten gab es eine Familie, deren Tochter als junges Mädchen in den Verband der Liebenzeller Missionsschwestern eingetreten war. Ich begegnete Gerda einige Male, wenn sie ihre Eltern besuchte, aber immer ohne sie näher kennenzulernen. Sie kam mir bei meinen Überlegungen in den Sinn und ich fasste den Entschluss, ihr einen Brief zu schreiben mit der Frage, ob sie meine Frau werden wolle. Da ein Altersunterschied von dreißig Jahren bestand, sah sie für diesen Entschluss keinerlei vernünftige Grundlage. Dazu hatte sie einen gewaltigen Schreck bekommen durch meine Forderung, sie müsse sich aber innerhalb von drei Tagen entscheiden. Dies aus der Erfahrung: Was man nach drei Tagen nicht weiß, weiß man auch nach drei Wochen nicht und was man nach drei Wochen nicht weiß, bleibt auch nach drei Monaten immer noch in den Wolken. Ich wollte einfach Klarheit und keine

Zeit mehr verlieren. Jedenfalls bekam ich eine Absage und der Fall war klar.

Gedanken zum Zölibat

Ehen werden bekanntlich im Himmel geschlossen. So hielt ich wider Erwarten nach einigen Monaten wieder einen Brief von Gerda in der Hand, diesmal mit einem Ja. So heirateten wir 1993 zur Freude aller, mit Ausnahme der Missionsschwesternschaft, die eine tüchtige und bewährte Mitarbeiterin verloren hatte.

Es war für sie keine Frage, mit mir nach Argentinien zu ziehen, um mir dort auf der Ranch als treue Helferin zur Seite zu stehen. Schnell und völlig unkompliziert lebte sie sich ein, und bald schon blühten wieder Blumen um das Haus und ein großräumiger Garten gab Obst und Gemüse. Und wenn sie mit der Flinte im nahen Buschwald verschwand und ich hörte es knallen, dann wusste ich, dass es morgen Wildtauben zum Essen gab, die hier massenhaft vorkamen. Sie war eine sehr gute Schützin.

Ich selbst konnte den weiteren Ausbau der Siedlung Ulm fortführen, wobei mir erneut und immer mehr der göttliche Schöpfungswille einleuchtete, dass es „nicht gut" sei, „dass der Mensch allein" sei, weswegen er ihm eine Gehilfin zur Seite gab. Es wurde mir bewusst, wie wichtig, ja notwendig es ist, bei gewissen Entscheidungen einen verlässlichen Ansprechpartner und Berater zur Seite zu haben. Manche offensichtlichen Fehler, ja Vergehen der Priester führe ich auf diesen Umstand zurück. Deswegen galt und gilt mein Kampf ungebrochen dem bereits in den ersten Jahrhunderten zum Teil praktizierten, dann aber ab dem 11. Jahrhundert durch Rom (Papst Gregor VII.) dekretierten Verbot der Priesterehe, des Zölibats. Dies hat theologisch keinerlei Fundament. Wohl lobt der Apostel Paulus die Enthaltsamkeit und stellt sich selbst als Beispiel dafür dar. Aber er macht daraus kein Gesetz, sondern er sieht dies im Zusammenhang mit seinem missionarischen Auftrag, der ihm weder ein geordnetes Familienleben noch ein festes Zuhause erlaubte. Auch wusste er sehr wohl, dass Jesus selbst die Ehe nie verbot. War doch der erste Mann seines Vertrauens, Petrus, verheiratet. Als dessen Nachfolger sich bekanntlich die Päpste sehen. Allerdings ist aus politischer und verwaltungstechnischer Sicht eine Ehelosigkeit wohlbegründet. Ein allein lebender Priester kann jederzeit und ohne Verzögerung von einem Platz zum andern versetzt werden, während der verheiratete Pfarrer vor einem Wohnungswechsel immer auch die Einwilligung seiner Frau zu berücksichtigen hat, und wenn vorhanden, auch die damit verbundenen Schulwechsel seiner Kinder. Das ist eine Klippe, an der ich schon manchen tüchtigen Kollegen scheitern sah. Er selbst sah wohl genau, dass eine Ortsveränderung für ihn und seine weitere berufliche Entwicklung von Vorteil gewesen wäre, aber die Familie streikte und machte nicht mit.

Auch sagt mir die Erfahrung, dass das natürliche und somit von Gott gedachte Menschenleben immer auf die Gemeinschaft einer Familie ausgerichtet ist. Denn nur im täglichen Zusammenleben von verschiedenen Altersgruppen und Geschlechtern können Vergleiche angestellt und Beurteilungen gefasst werden, ohne die eine eigentliche Seelsorge, wie ich meine, nur sehr schwierig durchzuführen ist.

Ohne eine endgültige und somit ausnahmslose Bewertung vorzunehmen, liegt für mich auf der Hand, dass sowohl Junggesellen als auch ledig gebliebene Frauen sehr oft, auch in der Vergangenheit, als schrullig im Sinne von eigenbrötlerisch bezeichnet wurden. Sie sind sicherlich so geworden, weil ihnen ein Gegenpol fehlte. Ein Messer kann nur dann scharf geschliffen werden, wenn ein Schleifstein da ist, der es „abschleift", also zur vollen Tauglichkeit bringt. Die Ehelosigkeit kann sehr wohl diesen Prozess verhindern. Hier sehe ich mit den Grund, warum so mancher ehelose Pfarrer, gleich welcher Konfession, „eigenartig", um nicht zu sagen weltfremd geworden ist. Und so, dass seine vorgesetzte Dienststelle oft in großer Ratlosigkeit nicht wusste, wohin mit ihm. Oder, wie kann man ihn bei seinem hohen Alter aus dem Verkehr ziehen, ohne ihm weh zu tun. Nur die Korrektur verändert den Menschen. Gar nicht selten konnte mir meine Frau nach einer Predigt sagen: „Hau doch nicht immer auf den Kanzelrand" oder „Warum greifst du denn immer nach deiner Nase" oder „Dieses Beispiel hast du jetzt schon dreimal gebracht". Der Redner im Schwung merkt solche Einlagen selber gar nicht. Und unter dem Publikum finden nur wenige den Mut, eine solche Kritik dem Pfarrer vorzuhalten, in der Meinung, dass sich das nicht schickt. So wird geschwiegen, alles bleibt beim Alten und keinem ist geholfen. Ich habe Fälle erlebt, da mussten die Zuhörer laut lachen. Aber nicht über eine witzige Formulierung in der Predigt, sondern über die komischen Grimassen des Pfarrers, die er dabei schnitt.

Abschließend: Die Ehelosigkeit sollte eine persönliche Berufung des Einzelnen sein und kann durch keine gesetzliche Verordnung geschaffen werden. Zwingt man Menschen, darunter natürlich auch Priester, in dieses Korsett, nimmt man ihnen die freie Entfaltung von Geist und Seele. Sie werden zu Sklaven menschlicher Verordnungen und verlieren dabei sehr oft ihre eigentliche Persönlichkeit und damit den von Gott verordneten freien Willen. Dieser Zwiespalt endet dann nicht selten in menschlichen Tragödien, die keiner geahnt und niemand gewollt hat.

Ich erinnere nur an die gerade in unseren Tagen aufgedeckten Missbrauchsfälle. Und wie viele mögen es sein, von denen man nie erfahren wird. Mir selbst tut jeder „Gefallene" leid. Dabei muss ich an einen ehemaligen guten Freund denken, der zu den Opfern gehörte. Ich lebte, wie bereits erwähnt, viele Jahre in katholischen Ländern der Dritten Welt. Dabei fiel mir auf, dass die Priester in der Regel Frauen in ihrem Haushalt beschäftigt hatten, die jüngeren Jahrgangs waren und nicht übel aussahen. Wurde ich einmal zu einer Besprechung oder zu einem Kaffee vom Priester eingeladen, waren sie nicht zu sehen, ich hatte den Eindruck, sie versteckten sich. Nur ein Priester machte eine Ausnahme. Nicht nur, dass er öfters sein weibliches Personal wechselte, sondern er vertrat auch offen die Ansicht, dass es so o.k. sei und dass ihnen nicht der Umgang mit Frauen, sondern nur die Heirat mit ihnen verboten sei. Er war ein aus Deutschland entsandter Priester, mittleren Alters und ein äußerst hilfsbereiter, sympathischer Mensch, der auch in seinen Anfangszeiten bei der Bevölkerung recht beliebt war. Doch irgendwann war er nicht mehr da. Er war plötzlich versetzt worden. Nur hinter vorgehaltener Hand erfuhr ich einen der Gründe. Es sei vorgekommen, dass, während er bei einem Gottesdienst die Messe zelebrierte, aus einer hinteren Reihe der laute Ruf eines armen Landarbeiters durch die Kirche hallte: „Was hast du mit meiner Tochter gemacht?"

Das bedeutete sein priesterliches Ende, aber nur in dieser Region. Dabei war sein schneller Abgang sehr verständlich, denn in diesem Land saßen die Kugeln sehr locker in den Gewehrläufen. So riet man ihm zum Hasenpanier. Er erntete Wut und Spott, was sich dann wie gewöhnlich auch auf die

Kirche übertrug. Der Zölibat scheint mir der größte Hemm-schuh für ein gutes und segensreiches Wirken der katholi-schen Kirche zu sein. Ganz abgesehen von dem fehlenden Priesternachwuchs, der sich immer eklatanter bemerkbar macht. Deswegen rät ein alter Fahrensmann der christlichen Flotte: Weg mit dem Zölibat, es ist nicht barmherzig und kann somit (auch nach den Worten Jesu bei Matthäus 5,7) nicht zur Seligkeit beitragen. Wer dazu aus Glaubensgründen bewogen wird und sein Leben danach einrichtet, hat dazu das Recht und so, dass ich vor ihm achtungsvoll den Hut ziehe.

Nach Wilhelm Busch eilt die Zeit im Sauseschritt und wir eilen mit. Und interessant scheint mir, dass die Geschwindig-keit mit jedem Lebensjahr zunimmt. Das spürten auch wir auf unserer abgelegenen Ranch. Immer noch besuchte uns Pater Felix, wenn er etwas auf dem Herzen hatte. So auch eines Tages, als er mich um alte Predigten in Spanisch bat. Da ich mir prinzipiell angewöhnt hatte, jede Predigt vom ersten bis zum letzten Wort aufzuschreiben und nach der biblischen Reihenfolge einzuordnen und aufzubewahren, hatten sich im Laufe meines Pfarrerlebens eine Menge angesammelt. Also packte ich so einen verstaubten Stoß und drückte ihn dem erfreuten Felix in die Hand. Und es dauerte nicht allzu lange, da hörte ich von katholischer Seite große Lobesworte auf die segensreiche Arbeit ihres Paters und auf die lebendige Art seiner Gottesdienste, ja, er predige so wie der Pastor Held. Da habe ich mich heimlich gefreut, denn ich sah in der Imi-tation meines Stils dieses starre Bollwerk von automatisier-ter Weltfremdheit wanken, das nur allzu oft einer fröhlichen und unverkrampften Evangeliums-Verkündigung die Luft abschnürt und so die Zuhörer in den Kirchenschlaf wiegt.

Wenn ich also auf diese Weise einen Kieselstein in den oft so abgeschirmten römischen Kirchengarten schleudern konnte, der den einen oder anderen Schläfer getroffen hat, also betroffen und somit nachdenklich machen konnte, dann werte ich das als einen gelungenen Sieg in meinem Kampf gegen Rom.

Bleibt noch zu berichten, dass Felix ebenso freudig wie meine Predigten auch unsere durch Dürre und Futtermangel abgemagerten Kühe in Empfang nahm, die uns der Schlachter nicht mehr abnahm. Sie landeten in den Kochtöpfen seiner Indianer-Gemeinde.

Der Feierabend

> S'ist Feierabend, s'ist Feierabend,
> das Tagwerk ist vollbracht,
> s'geht jeder seiner Heimat zu,
> ganz sachte kommt die Nacht.

So klingt es in einem alten Volkslied schlesischer Herkunft, und auch wir spürten immer häufiger den kühlen Hauch einer zu Ende gehenden Zeit. Die Siedlung Ulm stand auf eigenen Füßen, der weitere Ausbau wurde in die bewährten Hände der Heilsarmee gelegt, und mich selbst hatte längst das Rentenalter so müde gemacht, dass ich es an der Zeit sah, der Heimat zuzugehen, wie es im Liede heißt. Dazu kam der große Altersunterschied von uns beiden. Nach menschlichem Ermessen war natürlich ich der Erste, der den Hut nehmen und der Welt ade sagen würde. Und dann wollte ich mir ein einsames Witwenlos Gerdas im verlassenen Busch nicht vorstellen. Dazu lebten in Deutschland noch ihre Eltern.

Es war im Mai 1996, als der Container vorfuhr, um unsere Habseligkeiten für diese letzte Reise aufzunehmen. Wieder ein Abschied, wieder galt es zu packen, zu überlegen, was nehmen wir mit, und wieder musste so manch lieb gewordener Gegenstand zurückbleiben. Das alles zermürbte mich so, dass ich geradezu lebensmüde wurde und aus dieser Stimmung heraus dem Unternehmer, der gleich eine Transportversicherung abschließen wollte, sehr energisch entgegenhielt: „Versicherung kommt nicht infrage, wenn das Schiff untergeht, brauche ich den ganzen Mist wenigstens nicht mehr auspacken und einräumen." Darauf schaute er mich mit äußerst fragendem Blick an und verschluckte den Versuch eines weiteren Angebotes.

In der Heimat angekommen, fing kein neues, aber immerhin abwechslungsreiches Leben an. Gleich zu Beginn wurden wir in Angst und Schrecken versetzt durch die Mitteilung der Zollbehörde, dass unser Container in Hamburg beschlagnahmt worden sei und noch nicht ausgeliefert werden könne. Man vermutete einen Kaffeeschmuggel großen Stils, weil in der von mir ausgefüllten Ladeliste auch wahrheitsgemäß dieser „Türkentrank" angegeben war. Da der Container nur knapp zur Hälfte beladen war, hatten wir, damit beim Transport nicht alles durcheinander wirbelte, alles Mögliche hineingestopft. Säcke mit Altpapier, unseren Brennholzvorrat, die alten Töpfe und Schüsseln aus den Küchenregalen und die schon angefangenen Packungen der Lebensmittel, darunter war ein Kilo Kaffee.

Der amtlich geöffnete Container wurde bis aufs kleinste untersucht, da, wie uns gesagt wurde, kurz zuvor ein solcher aus Südamerika mit verstecktem Rauschgift beschlagnahmt werden konnte. So konnten wir mit einiger Verzögerung doch noch unser Hab und Gut in Empfang nehmen und uns in Ruhe und Beschaulichkeit mit den Packern eine Flasche Bier zu Gemüte führen.

Das Dorf, in dem wir eine Mietwohnung fanden, liegt auf der Schwäbischen Alb, und wenn ich zum Fenster hinaussah, freute ich mich an dem nahen Wald.

Auch die nächsten zehn Jahre waren nicht durchwoben vom Gefühl eines geruhsamen Feierabends. Sehr schnell kamen wieder Einladungen zur Mitarbeit in Seniorenkreisen oder auch Vertretungsgottesdiensten. Dabei spürte ich schon sehr deutlich, wie sich das Verhältnis zwischen katholischer und evangelischer Kirche immer mehr auflockerte. Schon saß unter den katholischen Senioren auch mal der Ortspriester selbst und bedankte sich. Bei den evangelischen Gottesdiensten wurde mir die Beteiligung von Gerda eine große Hilfe, zumal sie in der Zwischenzeit als Prädikantin von der Landeskirche dazu berechtigt worden war.

Das Feindbild Rom verblasste aber immer mehr. Nicht nur, weil es immer weniger anstößige Berührungspunkte gab, sondern weil mir mit den Jahren bewusst wurde, dass jede Gegnerschaft, auf menschlicher Ebene ausgefochten, nur Unruhe auslöst und der Seele Unfrieden bringt. Wenn Jesus warnte: „Was siehest du aber den Splitter in deines Bruders Auge und wirst nicht gewahr des Balkens in deinem Auge" (Matthäus 7,3), so will das doch heißen, dass man bei jeder Auseinandersetzung, aber auch Beurteilung eines Gegners zuerst nach der eigenen Schuld und den eigenen Schwachheiten fragen sollte. Und wenn dies auf ehrliche und geistliche, das heißt gottgefällige Weise geschieht, bleibt von keinem Menschen ein Heiliger übrig. „Denn es ist hier kein Unterschied (so Paulus), sie sind allzumal Sünder und mangeln des Ruhmes, den sie bei Gott haben sollten" (Römer 3,23).

Das gilt auch für Rom und seine Päpste. Wobei ich wiederholt betonen möchte, dass es unter ihnen nicht nur Gauner, Ganoven und Verbrecher gab, sondern ebenso von Gott geheiligte und somit verehrungswürdige, vorbildliche Persönlichkeiten.

Der barmherzige Blick

Auch das letzte Stück meines irdischen Weges soll mich nicht in resignierender Untätigkeit finden. Trotz zwei überstandener Schlaganfälle blieb noch so viel Gehirnmasse aktiv, dass ich mir Gedanken machen kann über den weiteren Verlauf unserer Welt. Kriege, Aufstände und Revolutionen gibt es nach wie vor und immer wieder. Sie zeigen uns, dass das Menschenherz in seinem Dichten und Trachten böse ist von Jugend an (1. Mose 6,5), und dass dieser auf Streit und Unversöhnlichkeit ausgerichtete Erbteil mit keinerlei menschlichen Methoden oder ausgeklügelten Erkenntnissen aus der Welt zu schaffen ist. Auch nicht mit dem zweifellos hohen Begriff der Ethik, die ja ihre Wurzeln in einer durchdachten Philosophie hat und das Gebiet des Sittlichen umfassen möchte.

Darum hindert mich niemand daran, noch einmal meine Rosinante zu satteln und eine Geistesrichtung zu attackieren, die aus dem Lager Roms kommt. Mit dem Verursacher selbst (einem berühmten Professor der katholischen Theologie) fühle ich mich insofern eins, als auch er den römischen Apparat der katholischen Kirche gerügt, gebrandmarkt und für überholt erklärt hatte. Er bekam dafür die Quittung, indem ihm das Lehramt entzogen wurde. Der Mann wurde der römischen Kurie zu unbequem und gefährlich.

Ich selbst gebe ihm in manchen Punkten recht, muss ihm aber da widersprechen, wo er sich als Baumeister einer besseren Welt versucht. Dazu gründete er die Organisation „Weltethos", die es sich zur Aufgabe gemacht hat, unsere Welt mit ihren verschiedenartigen Religionen und ethischen Maßstäben der Gegenwart verständlicher zu machen, damit die nie endenden Konfrontationen ein Ende fänden. Zweifellos ein sinnvoller Gedanke. Die Frage ist nur, wie lässt er sich verwirklichen? Wo ist der Ansatz? Geht sein Weg über die zahllosen Medien, die dafür die Werbetrommeln rühren müssten, oder sind es die Politiker, die den Durchblick haben und sich dafür stark machen? Oder die Bosse von Wirtschaft, Kultur und Kirche? Ja, wer verhilft dem guten Gedanken zum Durchbruch?

Sicherlich fehlt es nicht an guten Ideen und Ratschlägen. Aber – so der französische Schriftsteller Balzac (1799 – 1850): „an Ideen fehlt es nicht, aber an Männern, sie auszuführen". Richtig, jede Idee verpufft und verschwindet im Lande Nirgendwo, wird sie nicht in die Tat umgesetzt. Hinzu kommt noch folgende Erfahrung: Dauert die Umsetzung einer geplanten Idee zu lange und geht dabei zu viel Zeit verloren, verschwindet dieses Phänomen Zeit im Sauseschritt und gibt sich für spätere Nachholbemühungen nicht mehr her.

Noch einmal zur Ethos-Idee selbst. Da begleite ich seinen Urheber einvernehmlich ein ganzes Stück weit. Aber dann trennen sich unsere Wege, weil ich der Überzeugung bin, dass alles Übel unserer Welt seine Wurzeln in der Sünde hat, also in der Trennung von Gott. Folglich kann ein menschliches Heilungsrezept nie zum Ziele führen, und sei es noch so fein gesponnen. Denn, „Tand, Tand ist das Gebilde von Menschenhand!" (Fontane).

Nur Gott selbst kann und will durch seinen Heiligen Geist allem Unfrieden ein Ende setzen und hat es bereits getan. Mit Jesus, dem Weltheiland, kam der „Friede auf Erden", und zwar ohne Ausnahme zu allen Menschen. Es gilt nur, diesem Friedefürsten Glauben zu schenken und seiner Einladung Folge zu leisten: „Kommet her zu mir alle ihr Mühseligen und (mit Schuld) Beladenen, ich will euerer Seele Ruhe schenken!" Der Weg zu Gott ist immer ein Heimweg. Und wer ihn geht, dessen Seele kommt zur Ruhe in Gott und damit nach Hause. Also nicht eine Richtungsänderung zur Ethik bringt die Lösung, sondern eine solche zu Jesus Christus.

Als 2012 der neue Papst Franziskus sein Amt antrat, blieb mir sein Wort in Erinnerung, dass unsere Welt mit ihrem ganzen Geschehen der Barmherzigkeit bedürfe. Damit spielte er auf die Worte Jesu in der Bergpredigt an: „Selig sind die Barmherzigen, denn sie werden Barmherzigkeit erlangen" (Matthäus 5,7). Das ist der Knackpunkt! Denn genau hier sehe ich den Ansatz zu einem Gesinnungswandel. Denn Gott hat Wohlgefallen nicht am Opfer (auch nicht dem von guten Werken oder dem gesunden Menschenverstand), sondern an Barmherzigkeit (Matthäus 9,13). Deswegen sollte immer hier angesetzt werden, weil barmherzige Menschen den Nächsten immer, sei er, wer es sei, mit den Augen Jesu sehen.

Dieser Gedanke ließ mich nicht mehr los, so dass ich meinem Gaul die Sporen gab und gegen eine römische Institution anritt, nämlich eine katholische Universität. Sie liegt im Süden Paraguays in der Stadt Encarnación, der zweitgrößten des Landes. Ich schrieb einen Brief an den mir unbekannten Rektor. Ausgehend von der Idee des Weltethos machte ich ihm folgenden Vorschlag: Warum führen Sie in Ihrem Institut nicht eine weiteres Fach ein unter dem Namen „Der barmherzige Blick?"

Denn so wie jedes Fach der Natur- und Geisteswissenschaft gelehrt und gelernt sein muss, so könnte doch auch diese so wichtige Gottesgabe systematisch angegangen und den Studierenden nicht nur erklärt, sondern auch nachahmenswert gemacht werden. Wie oft stellte Jesus dieses „sehet" vor seine Gebote, Ratschläge und Warnungen. Denn wer nicht sieht, ist blind. Das gilt nicht nur für den physiologischen, sondern ebenso für den geistigen und geistlichen Bereich. Noch als Halbwüchsige konnte uns die Mutter energisch auffordern: „Lauf, siehst du nicht, wie sich diese alte Frau mit ihrem Koffer abmüht!" Denn wer nicht sieht, geht am Nächsten vorbei, und das, ohne sich dessen bewusst zu werden.

Ein Beispiel: Auf geradezu klassische Weise erklärt Jesus im Gleichnis vom barmherzigen Samariter (Lukas 10,30 – 35) die Notwendigkeit dieses Helferblicks. Da fiel ein Mensch unter die Mörder, er wurde überfallen, ausgeraubt und blieb halbtot am Wegesrand liegen. Dann kam ein Pharisäer des Weges, also ein Rechtsgelehrter, sah den Verunglückten und ging vorüber. Dann kam ein Levit, ein Mann des geistlichen Standes, sah ebenfalls das blutende Opfer, und ging vorüber. Sicherlich hatten beide dafür einen erklärbaren Grund. Man hatte keine Zeit (hatte sich bereits verspätet und es wurde bald Nacht), man hatte Angst (vielleicht kommen die Räuber wieder), oder man würde sich gar blutig machen (das Gewand war noch ganz neu). Man hatte die Not gesehen, aber sie bewegte weder Herz noch Gewissen. Und dann kam ein Samariter angeritten, ein Angehöriger einer von den frommen Juden verachteten Sekte. Und als dieser Heide den Überfallenen sah (!), da ergriff ihn Mitleid. Aber dabei blieb es nicht. Er unterbrach seine Reise, stieg vom Pferd und versorgte den Verwundeten. Was besagen will, dass Heiden oft die besseren Christen sind. So jedenfalls wollte es Jesus klarstellen, als er einem Menschen auf dessen Frage, wer denn sein Nächster sei, mit diesem Gleichnis antwortete.

Und weil mein außergewöhnlicher Vorschlag ohne gleichzeitigen Anstoß zur Tat erfahrungsgemäß im Sande verlaufen würde, unterbreitete ich dem natürlich überraschten Rektor gleichzeitig einen Durchführungsplan:

a.) Die Studentenschaft (alle Fakultäten eingeschlossen) wird hinreichend über Idee und Absicht informiert. Bei einer ersten Versammlung wird klargemacht, dass es sich um eine derart wichtige Sache handelt, dass davon auch ihre Zukunft abhängen könnte.

b.) Bildung eines Freundeskreises (oder Vereins), der sich aus Mitgliedern rekrutiert, die bereit sind, an dem Projekt unter dem Namen „Der barmherzige Blick" mitzuarbeiten.

c.) Dieser Gruppe vorerst in der Hochschule ein Raum zur Verfügung gestellt, wo sie zusammenkommen, beraten und Hilfsmaßnahmen besprechen können.

d.) Ist man so weit gekommen, bemüht man sich um ein eigenes, von der Hochschule unabhängiges Lokal. Dazu kann ein Haus gemietet werden, was bei den dortigen Ansprüchen keine allzu hohen Kosten verursacht. Es müsste nach Möglichkeit am Stadtrand in einem der dortigen Slums liegen und so viel Raum bieten, dass man eingehende Spenden an Lebensmitteln und Bekleidungen lagern könnte. Dass sowohl geschäftliche als auch private Sponsoren kommen werden, ist von dem Moment an zu erwarten, in dem das Projekt anläuft und dafür Werbung gemacht wird.

e.) Ebenso könnte ein solches Haus gebaut werden, wobei ich mich bereit erkläre, bei der Durchführung finanziell mitzuhelfen.

f.) Der Hochschule selbst sollen keine Kosten entstehen. Sie würde sich aber bemühen, Seminare mit entsprechenden Referenten (aus dem politischen, wirtschaftlichen oder auch kirchlichen) Bereich zu organisieren, die mit passenden, zeitgemäßen Themen den „Verein" selbst, aber auch weitere Interessenten aus der Bevölkerung informieren.

g.) Außerdem könnte die Hochschule solchen Studenten eine Urkunde verleihen, die sich als aktive Mithelfer bewährt haben. Ein solches Dokument könnte dann bei irgendwelchen späteren Bewerbungen für seinen Besitzer von Vorteil sein, zeichnet er sich dadurch doch als eine altruistische Persönlichkeit aus, der Gemeinnutz vor Eigennutz geht. Eine immer seltener werdende Eigenschaft unserer Gesellschaft, die aber zweifellos Schlüsse ziehen lässt auf den Charakter der betreffenden Person. Dazu noch Grundsätzliches: Natürlich sind die Studenten an der Universität, um durch ein entsprechendes Studium die Grundlagen für ihre spätere Berufslaufbahn zu legen. Und ebenso ist klar, dass das Studium Priorität haben soll. Aber es gibt auch Freistunden, Abschnitte des Abschaltens, und da könnte eine entspannende Pause darin bestehen, dass man (anstelle eines Discobesuchs) Menschen aufsucht in den Armenvierteln, im Krankenhaus oder im Gefängnis. Und damit seine Sinne schärft, dass sie Not nicht nur sehen, sondern spüren und wahrnehmen. Denn die Mehrheit der Studenten kommt aus den gehobenen Bevölkerungsschichten, das heißt daher, wo man Armut und Hunger nicht kennt. Sie selbst dagegen werden schon in wenigen Jahren in wichtigen oder gar führenden Stellungen ihres oder eines anderen Landes stehen und somit die Chance haben, soziale Verhältnisse zu beeinflussen oder gar zu verändern.

Ich weiß aus Erfahrung, dass eine Spendenbereitschaft in armen Ländern erst dann einsetzt, wenn aus dem anfänglichen Misstrauen Zutrauen erwächst. Vertrauen in eine glaubwürdige Person oder Institution, die einen sichtbaren Anfang gemacht hat. Mit Ideen und Programmen allein ist es nicht getan. Und weil jeder Anfang etwas kostet, nicht nur an Risikobereitschaft, sondern auch, wie in unserem Falle, an Mitteln, versprach ich dem Rektor einen Geldbetrag von meinem Spendenkonto. Derselbe stünde sofort zur Verfügung, sobald eine zusagende Antwort auf meinen Vorschlag eingegangen sei.

Abschließend sei noch auf die Auswirkungen hingewiesen, die ein so mutiger, ja geradezu abenteuerlicher Schritt einer vergleichsweise kleinen und unbedeutenden Universität verursachen könnte. Dies im Blick auf die immer düster werdende Weltlage, die nachweisbar ihren Ursprung hat in der ungleichen Güterverteilung und der sich immer weiter öffnenden Schere zwischen Arm und Reich. Das Beispiel könnte Schule machen für andere Universitäten und der Menschheit die Augen öffnen, dass sie erkennt: Wir sitzen alle im gleichen Boot. Und auch, dass die Weltenuhr eine Minute vor zwölf anzeigt. Wenn nichts Außerordentliches, ja Revolutionäres passiert, sondern alles immer im gleichen Trott von Gewohnheit und Tradition weitermarschiert, gleich dieser blinden Rattenherde und der Kinder, die, wie das Märchen erzählt, einmal in Hameln dem Rattenfänger in den Untergang gefolgt ist.

Dem aufmerksamen Leser wird nicht entgangen sein, dass meine Kampfestaktik gegen die katholische Kirche nie darin bestand, den Gegner „fertigzumachen", sondern ihm zu helfen. „Gutes von ihm reden und alles zum Besten kehren", wie es Luther in seiner Auslegung der Zehn Gebote erklärt hat.

Dazu gehören sicherlich auch wohlgemeinte Warnungen und aufrichtige Ratschläge. Dies allein war der Grund meines Vorschlages an die katholische Universität in Paraguay.

Wenn ich bisher darauf kein weiteres Echo hörte, kann dies daran liegen, dass man die damit verbundenen Schwierigkeiten sieht oder ganz einfach keine Begeisterung dafür aufbringen kann. Diese lässt sich nicht erzwingen, denn, so drückte es Goethe einmal aus, begeistert wird man nur allein. Aber ohne diese geistige Antriebskraft wurde noch nie eine bedeutende Tat vollbracht. Möglicherweise schläft der Gedanke des „Barmherzigen Blicks" nur für eine Zeit und kommt irgendwann neu zum Erwachen. Hoffen wir nur, dass es dann nicht zu spät ist

VII. Das Nachhutgefecht

Im Militärjargon versteht man unter Nachhut einen rück-
wärtigen Sicherungsverband, der den Auftrag hat, den anrü-
ckenden Gegner aufzuhalten und den ordnungsgemäßen
Rückzug der eigenen Truppe zu gewährleisten. Dies deute
ich für meinen Fall so: Ich habe den Rückzug angetreten und
muss mich auf allerlei Kommentare gefasst machen, gute
und böse. Jetzt muss sich der Schild des Glaubens bewähren.
Die Meinungen kommen angeflogen, so Paulus, wie feurige
Pfeile. Jetzt hilft nur noch der Glaube, denn er allein gibt mir
Schutz und die Gewissheit, dass ich mich nicht zu fürchten
brauche. Dies, weil Gott als der oberste Gerichtsherr sehr
wohl weiß, warum ich in diesen Kampf zog und warum ich
dieses Buch schrieb.

Es ist der Schild des Glaubens, der mich auch bewahren
soll vor Stolz, Angeberei und dem Hochmut, im andersden-
kenden Christen einen Gläubigen zweiter Klasse zu sehen. Ist
er doch unser Nächster, von dem wir (so Luther) Gutes reden
und alles zum Besten kehren sollen.

Aber wie zu Beginn meines Feldzugs der Missbrauch
christlicher Gebote mein Angriffspunkt war, so blieb das Ziel
immer und nur der Weg zu Versöhnung und zur gegenseiti-
gen Vergebung. Dies ist nicht mit Diskussionen, Konferenzen
oder ökumenischen Purzelbäumen zu erreichen, sondern
nur im Befolgen von Jesu Gebot (Johannes 13,35): „Dabei
wird jedermann erkennen, dass ihr meine Jünger seid, so ihr
Liebe untereinander habt". Es ist diese Liebe, die nicht das
ihre sucht, sondern das Wohl des andern. Wahrlich ein hohes
Ziel, das wir allein und mit unserer Kraft nicht erreichen
können. Wohl aber mit der „Wehr und den Waffen" (Luther),
wie sie in der göttlichen Waffenkammer bereitliegen.

Ich komme zum Schluss. Und weil mein Bericht ohne Zweifel doch sehr in militaristischen „Knobelbechern" anmarschiert kam (so nannte der Soldat meiner Zeit die Stiefel), sei mir erlaubt, den Abschluss mit dieser Zeremonie zu umrahmen, die bei bestimmten Anlässen in Form des Großen Zapfenstreichs ihren feierlichen Höhe- und Schlusspunkt erreicht. Die aufmarschierten Militäreinheiten stehen im Fackelschein mit „Helm ab zum Gebet" in Reih und Glied, während das Musikkorps Tersteegens Choral intoniert: „Ich bete an die Macht der Liebe, die sich in Jesus offenbart." Und im Geiste nehme auch ich meinen Helm des Heils ab, aus Dankbarkeit, dass die Liebe Jesu sich auch mir offenbarte, indem sie mich treu geführt und durchgetragen hat. Ja, Helm ab – aber auch, weil man in der zukünftigen Welt Gottes keinerlei Waffen und auch keinerlei Helm mehr braucht.